V&R

Schriften zum deutschen und
internationalen Persönlichkeits- und
Immaterialgüterrecht

Band 38

Herausgegeben von Professor Dr. Haimo Schack, Kiel,

Direktor des Instituts für Europäisches und

Internationales Privat- und Verfahrensrecht

Bastian Selck

Entschädigungsansprüche und andere Sanktionen vor Vollrechtserwerb im Gewerblichen Rechtsschutz

Eine vergleichende Analyse

V&R unipress

Bibliografische Information der Deutschen Nationalbibliothek

Die Deutsche Nationalbibliothek verzeichnet diese Publikation in der Deutschen
Nationalbibliografie; detaillierte bibliografische Daten sind im Internet über
http://dnb.d-nb.de abrufbar.

ISBN 978-3-8471-0318-9
ISBN 978-3-8470-0318-2 (E-Book)

Meiner Familie

Inhalt

Vorwort

Die vorliegende Arbeit ist im Wintersemester 2013/2014 von der Rechtswissenschaftlichen Fakultät der Christian-Albrechts-Universität zu Kiel als Dissertation angenommen worden. Rechtsprechung und Literatur konnten bis März 2014 berücksichtigt werden.

Mein größter Dank gilt meinem Doktorvater Professor Dr. Haimo Schack für die hervorragende Förderung, Unterstützung und Betreuung in jeder Phase des Promotionsvorhabens. Herrn Professor Dr. Joachim Jickeli danke ich für die schnelle Erstellung des Zweitgutachtens. Der Studienstiftung ius vivum danke ich für den großzügigen Druckkostenzuschuss.

Schließlich danke ich meiner Familie für die liebevolle Unterstützung in der gesamten Zeit.

Diese Arbeit ist Günter Selck gewidmet.

Einleitung

A. Problembeschreibung

Gewerbliche Schutzrechte erhalten in Folge der Globalisierung einen immer höheren Stellenwert. So steigen die Anmeldezahlen von Gemeinschaftsmarken und Gemeinschaftsgeschmacksmustern, aber auch von europäischen Patentanmeldungen kontinuierlich an.[1] Die meisten Schutzrechte können nicht durch einfache Benutzung erlangt werden,[2] sodass sich der Anmelder den Regeln eines behördlichen Verfahrens zu unterwerfen hat. Diese Verfahrensrechte sehen fast immer eine Veröffentlichung der Anmeldeunterlagen vor, die der Anmelder dulden muss, um das begehrte Schutzrecht zu erhalten.

Mit dieser staatlichen Veröffentlichung der Anmeldeunterlagen werden zumeist wirtschaftliche Ziele verfolgt. Im Patentrecht wird durch die Veröffentlichung sichergestellt, dass Unternehmensressourcen sinnvoll eingesetzt und technische Lehren nicht mehrfach erfunden werden. Vielmehr soll die Öffentlichkeit über neue technische Erfindungen informiert und die Fachwelt zur frühzeitigen Weiterentwicklung der Erfindung oder zur Entwicklung von Alternativlösungen angeregt werden. Gleichzeitig können Dritte die Neuheitsschädlichkeit eigener Erfindungen frühzeitig erkennen und / oder sich mit dem Anmelder zwecks Lizensierung und Vermarktung in Verbindung setzen.[3]

Für die Anmelder hat die Veröffentlichung den Nachteil, dass im Laufe des nationalen oder internationalen Verfahrens ihr Geheimnisschutz verloren geht. Ihre Geheimhaltungsinteressen sind besonders dann verletzt, wenn der Schutzgewährung eine materielle behördliche Prüfung vorangeht, die Jahre dauern kann. Konkurrenten bekommen durch die frühzeitige behördliche Veröffentlichung die Möglichkeit, von Erfindungen schon geraume Zeit vor der

---

1 Statistiken unten bei den jeweiligen Abschnitten und unter oami.europa.eu.
2 Zu den Ausnahmen gehören insbesondere Benutzungsmarken, geschäftliche Bezeichnungen und nichteingetragene Gemeinschaftsgeschmacksmuster.
3 *Beier*, GRUR 1972, 214, 225; *Kraßer*, S. 489.

eigentlichen gewerblichen Nutzung durch den Anmelder zu erfahren und ihre Produkte dementsprechend konkurrenzfähig auszurichten. Es besteht auch die Gefahr, dass Konkurrenten die angemeldete technische Lehre als Grundlage für eigene Produkte nutzen und den wirtschaftlichen Wert schon vor der eigentlichen Patenterteilung abgreifen. Je länger die Patenterteilung dauert, desto mehr kann sich an fremden Erfindungen bedient und bei geschicktem Vorgehen die eigene Benutzung der angemeldeten Erfindung auch noch verschleiert werden.

Im Markenrecht sollen durch die Veröffentlichung der Anmeldeunterlagen Unternehmen vor plötzlich im Register auftauchenden Marken geschützt werden, die die eigene Markenstrategie zunichte machen können.

Hierdurch ist es aber möglich, mit der Benutzung eines ähnlichen oder identischen Zeichens die Markenstrategie des Anmelders zu konterkarieren, indem das Zeichen mit einem dem Anmelder unerwünschten Image belegt wird. Aber auch in einfachen Fällen, in denen das als Marke angemeldete Zeichen von Dritten schlicht übernommen wird, hat der Anmelder mit der Verwässerung seines Zeichens zu kämpfen.

Angesichts der gesetzlich vorgeschriebenen Veröffentlichung der Anmeldeunterlagen ist es daher unabdingbar, dass das jeweilige Verfahrensrecht die Anmelder effektiv vor solchen Beeinträchtigungen ihres gewerblichen Schutzrechtes bewahrt. Nach Ansicht des BVerfG hat der Anmelder sogar einen Anspruch auf gerechte Vergütung für die Verwertung seiner Leistung durch Dritte.[4] Es sind daher Ansprüche gegen den jeweiligen Benutzer des Anmeldegegenstandes zu gewähren, damit die wirtschaftlich sinnvolle Veröffentlichung nicht zu einer Schädigung des Anmelders führt.

Im Patentrecht wird dieser Schutz durch den Entschädigungsanspruch in § 33 PatG bzw. Art. 67 EPÜ oder Art. 29 PCT gewährleistet; im Sortenschutz durch § 37 Abs. 3 SortSchG bzw. Art. 95 GSV.

Der Schutz von veröffentlichten Gemeinschaftsmarkenanmeldungen wird durch Art. 9 Abs. 3 S. 2 GMV gewährleistet. Art. 4 MMA verweist bei der Schutzerstreckung auf das jeweilige nationale Recht.

Das deutsche MarkenG sieht hingegen keinen Schutz der Markenanmelder vor Eintragung der Marke vor. Damit wird dem Anmelder der wirtschaftliche Wert des Zeichens entzogen, wenn die Benutzer von prioritätsjüngeren Kollisionszeichen zwischen Veröffentlichung der Anmeldung und Eintragung keinerlei Sanktionen befürchten müssen.

Der internationale Vergleich zeigt, dass andere Länder dem Anmelder schon ab Veröffentlichung der Markenanmeldung Ansprüche gegen den Nutzer prioritätsjüngerer Kollisionszeichen gewähren. Dort kann der Anmelder also gegen

---

4 BVerfGE 36, 281, 290 – Patentanmeldungen.

die Benutzungen seines Zeichens vorgehen oder er erhält zumindest eine angemessene Entschädigung.

Der deutsche Markenanmelder und spätere Markeninhaber dagegen muss zusehen, wie sein Zeichen von Dritten bis zur Markeneintragung genutzt wird und erhält nach herrschender Auffassung auch keinen Ausgleich. Das leuchtet kaum ein, weil der Anmelder, der sich notgedrungen dem Eintragungsverfahren beugt, für die tatsächliche Veröffentlichung seiner Anmeldung nicht verantwortlich ist. Der Wert des Anmeldegegenstandes muss dem deutschen Markenanmelder aber auch vor der Eintragung zugewiesen werden. Er darf die mit der Veröffentlichung verbundenen Gefahren nicht alleine tragen.

B. Zielsetzung und Gang der Arbeit

Ziel dieser Arbeit ist es, die nationalen, europäischen und internationalen Schutzsysteme hinsichtlich ihrer Sanktionen zwischen Veröffentlichung der Anmeldeunterlagen und dem eigentlichen Schutzbeginn durch Eintragung, Registrierung bzw. Erteilung des Schutzrechts zu untersuchen und darzulegen, dass ein Schutz deutscher Markenanmelder unumgänglich, verfassungsrechtlich geboten und angemessen ist.

Wie ein solcher Schutz von veröffentlichten Markenanmeldungen aussehen müsste, lässt sich nur mithilfe eines umfassenden internationalen und schutzrechtsübergreifenden Rechtsvergleichs beurteilen.

Die Untersuchung beginnt mit den jeweiligen internationalen Vorgaben. Anschließend werden Wege und Möglichkeiten aufgezeigt, dem Schutzinteresse der deutschen Markenanmelder Rechnung zu tragen. Ansatzpunkte hierfür könnte das UWG, ein Anwartschaftsrecht oder eine Analogie zu Art. 9 Abs. 3 S. 2 GMV oder zu § 33 PatG bieten.

Teil 1: Patentrecht

Patentschutz, also das ausschließliche Recht, eine technische Erfindung zu verwerten und Dritten die Benutzung der Erfindung zu verbieten,[5] nimmt einen immer höheren Stellenwert in der europäischen und globalen Wirtschaft ein. Im Jahre 2012 sind 257 744 europäische Patentanmeldungen beim EPA[6] eingegangen.[7] Dabei ist Deutschland mit über 34.000 Anmeldungen absoluter Spitzenreiter bei Patentanmeldungen in Europa. International rangiert Deutschland auf dem 3. Platz hinter den USA und Japan.[8]

Diese Zahlen verdeutlichen, dass es vielen Unternehmen nicht mehr genügt, ihre Erfindung allein durch ein nationales Patent im Gebiet des jeweiligen Erteilungsstaates schützen zu lassen. Nötig ist vielmehr ein internationaler Schutzraum.

Seit 1883 haben sich die meisten Staaten der Welt in der wiederholt revidierten Pariser Verbandsübereinkunft (PVÜ) zusammengeschlossen.[9] Dadurch lässt sich Patentschutz in den jeweiligen Staaten unter Inanspruchnahme der Priorität der ersten Patentanmeldung[10] erreichen, sodass keine zeitgleiche Anmeldung der technischen Lehre in allen Staaten mehr notwendig war.

Auch auf Basis der PVÜ bestand weiterhin die Notwendigkeit, in jedem gewünschten Land eine eigenständige Patentanmeldung in der jeweiligen

---

5 § 9 PatG; *Kraßer*, GRUR Int 1990, 732 ff.
6 Europäisches Patentamt mit Sitz in München.
7 Das sind 5,2 % mehr als im Vorjahr.
8 USA: 63 504, Japan: 51 693, Deutschland: 34 167 Anmeldungen. Statistik unter http://www.epo.org/about-us/annual-reports-statistics/statistics/filings_de.html, Stand: April 2013.
9 Pariser Verbandsübereinkunft vom 20.03.1883 zum Schutz des gewerblichen Eigentums in der in Stockholm am 14.07.1967 revidierten und am 02.10.1979 geänderten Fassung (BGBl. 1984 II 799); derzeit 175 Verbandsstaaten: – Beitritt Brunei Darussalam am 17.02.2012 und Samoa am 21.09.2013, BGBl. 2013 II 1557.
10 Die Priorität für dieselbe Erfindung ist innerhalb von 12 Monaten ab Erstanmeldung geschützt, Art. 4 C PVÜ.

Sprache einzureichen. Um dem abzuhelfen, wurde im Jahre 1970 ein Sonderverband innerhalb der PVÜ, der sog. Zusammenarbeitsvertrag (Patent Cooperation Treaty – PCT) geschaffen.[11] Durch diesen multilateralen Vertrag hat eine einzige internationale Anmeldung bei dem jeweiligen nationalen Patentamt die gleiche Wirkung wie eine ordnungsgemäße nationale Anmeldung in den gewählten Bestimmungsstaaten.

Der PCT führt jedoch zu keinem eigenständigen internationalen Patent. Die Prüfung und Patenterteilung liegt vielmehr immer noch in der Hand der jeweiligen (Bestimmungs-) Staaten. Vorteil des PCT ist es aber, dass durch *eine* Anmeldung der Zeitrang für zahlreiche wirtschaftlich interessante Staaten gesichert werden kann, für die ein Patentschutz angestrebt wird.

Wenn eine Erfindung allerdings (nur) im europäischen Territorium geschützt werden soll, bietet sich neben dem PCT vor allem das »Europäische Patent« auf Grundlage des Europäischen Patentübereinkommens[12] an. Das EPÜ trat 1973 in Kraft und gilt heute in der revidierten Fassung vom 29. 11. 2000 (EPÜ 2000). Es ist ein Sonderverband i. S. v. Art. 19 PVÜ und zugleich ein regionaler Patentvertrag im Sinne des PCT (Art. 45 PCT).[13]

Ab 2014 soll es ebenfalls möglich sein,[14] ein sog. »Europäisches Patent mit einheitlicher Wirkung« beim EPA zu beantragen, EU-VO Nr. 1260/2012 (ABl. L 361, S. 89). Hierdurch kann ein einheitlicher, zeitgleicher Patentschutz in allen EU-Staaten mit Ausnahme von Spanien und Italien erreicht werden.[15]

Das EPÜ und der PCT enthalten ein eigenes und selbstständiges Anmelde- und Erteilungsverfahren. Schon aufgrund der hohen Zahl an Anmeldungen ist es wichtig, dass die Anmelder angemessen geschützt werden. Hierbei gibt es aber erhebliche nationale Unterschiede. Auch die Wahl des Verfahrens (PCT oder EPÜ) macht einen entscheidenden Unterschied, was den Schutz vor Patenterteilung angeht.

Im Folgenden werden daher die Anmeldeverfahren und die Schutz-

---

11 PCT vom 19. 06. 1970 (BGBl. II 649, 664) mit ursprünglich 20, heute 146 Vertragsstaaten, aktuelle Liste unter ww.wipo.int/pct/de/.

12 Das revidierte Europäische Patentübereinkommen (EPÜ 2000) ist am 13. 12. 2007 in Kraft getreten (BGBl. 2007 II 1082) und zählt derzeit 38 Vertragsstaaten (BGBl. 2011 II 1139). Ihm gehören alle EU-Mitglieder sowie Albanien, die ehemalige jugoslawische Republik Mazedonien, Island, Kroatien, Liechtenstein, Monaco, Norwegen, San Marino, die Schweiz, Serbien und die Türkei an. Erstreckungsstaaten sind derzeit Bosnien Herzegowina sowie Montenegro.

13 Daher können europäische Patente auch durch eine internationale Anmeldung (PCT) erlangt werden.

14 Vorausgesetzt, die Staaten ratifizieren das Übereinkommen über ein einheitliches Patentgericht. Siehe unten S. 39 ff.

15 Spanien und Italien sind nach derzeitigem Stand nicht mit umfasst, da sie keine Teilnehmer der verstärkten Zusammenarbeit der EU-Staaten sind. Grund hierfür sind insbesondere Streitigkeiten über die Sprachenregelung.

mechanismen mit Blick auf die Schutzgewährleistungen vor Patenterteilung dargestellt, kritisch untersucht sowie international und schutzrechts-übergreifend miteinander verglichen.

A.   EPÜ

Durch das EPÜ[16] wurde ein *gemeinsames Recht für die Erteilung von Erfinder-patenten* geschaffen, Art. 1 EPÜ. Genau wie im PCT-Verfahren kann mit nur einer Anmeldung (Art. 66 EPÜ) ein ganzes Bündel nationaler Patente erreicht werden. Das EPÜ geht allerdings über die Zentralisierung des Anmeldeverfahrens hinaus und vereinheitlicht zusätzlich das Verfahren bis einschließlich der Erteilung des Patents. Das vom EPA erteilte Patent entfaltet dann allerdings keine europaweit einheitliche Wirkung,[17] sondern wirkt wie ein Bündel selbst-ständiger nationaler Patente, Art. 2 II, 64 EPÜ.

I.   (Voll-) Schutz durch Art. 67 EPÜ

Das Erteilungsverfahren[18] für ein europäisches Patent beruht wie in Deutschland auf dem Prinzip der *vollen Sachprüfung* von Patentanmeldungen. Das formale Verfahren beginnt mit der Hinterlegung der europäischen Anmeldung beim EPA oder der jeweiligen nationalen Behörde,[19] Art. 58 ff. EPÜ. Nach einer Eingangs- und Formalprüfung, wird der Anmeldetag bestimmt (Art. 90 EPÜ) von dem an gemäß Art. 63 Abs. 1 EPÜ auch die maximal 20jährige Laufzeit rechnet.

Nach Ablauf von 18 Monaten ab Anmelde- oder Prioritätstag wird die europäische Patentanmeldung materiell weitgehend ungeprüft[20] mit der Beschreibung, den Ansprüchen und Zeichnungen veröffentlicht. Auf Antrag des Anmelders kann die Veröffentlichung auch vor dieser Frist geschehen, Art. 93 EPÜ, R.68 Abs. 1 AO-EPÜ.

Um Trittbrettfahrer abzuschrecken, gewährt das EPÜ dem Anmelder einstweiligen Schutz bis zur Patenterteilung, der rückwirkend mit der Zurück-weisung oder Zurücknahme des Antrags entfällt, Art. 67 Abs. 1, 4 EPÜ.

---

16 Mit EPÜ ist das EPÜ 2000 gemeint, wenn nicht ausdrücklich anders erwähnt.
17 Zum Europäischen Patent mit einheitlicher Wirkung (Gemeinschaftspatent) s. unten S. 39 ff.
18 Überblick unter http://www.epo.org.
19 Für die Niederlande und Albanien müssen Europäische Patentanmeldungen zwingend beim EPA eingereicht werden. Diese Anmelder können demnach nicht zwischen dem EPA und nationalen Behörden wählen; s. Tabelle 1 im Anhang.
20 Mit Ausnahme der Eingangs- und Formalprüfung.

1.   Maximalschutz

Art. 67 Abs. 1 EPÜ gewährt dem Anmelder mit Verweis auf Art. 64 EPÜ grundsätzlich einen maximalen Schutz ab Veröffentlichung der Anmeldeunterlagen.[21] Der Anmelder einer offengelegten Anmeldung soll damit einstweilen so gestellt werden, wie er in dem jeweiligen Bestimmungsstaat stünde, wenn das Patent bereits in diesem Zeitpunkt erteilt wäre. Welchen Umfang der einstweilige Vollschutz dann hat, bestimmt sich nach dem jeweiligen Schutzstaat. Dem Anmelder stehen also grundsätzlich, soweit im jeweiligen nationalen Recht vorgesehen, Schadensersatz-, Vernichtungs- und Unterlassungsansprüche gegen Dritte zu.

Eine veröffentlichte Patentanmeldung soll also wie ein erteiltes Patent im jeweiligen Staat geschützt werden.

2.   Minimalschutz

Das EPÜ gewährt den Vertragsstaaten jedoch die Möglichkeit, den Maximalschutz bis auf ein in Art. 67 Abs. 2 S. 3 EPÜ beschriebenes Minimum abzusenken. Minimalschutz bedeutet hier, dass der Anmelder vom Zeitpunkt der Veröffentlichung an von demjenigen, der die Erfindung in dem Vertragsstaat benutzt hat, eine den Umständen nach angemessene Entschädigung verlangen kann, soweit die Benutzungshandlung nach dem anwendbaren nationalen Recht im Fall der Verletzung eines nationalen Patents ein Verschulden begründen würde.

Es bleibt den jeweiligen Verbandsstaaten vorbehalten, ob sie nur den minimalen Schutz für die noch ungeprüften Patentanmeldungen gewähren wollen, etwas darüber hinausgehen oder sogar den Vollschutz nach Art. 64 EPÜ gewähren wollen.

Von der Möglichkeit des Maximalschutzes hat kein Vertragsstaat Gebrauch gemacht. Ein Vollschutz vor Patenterteilung wird als zu weitgehend empfunden.[22] Es gibt allerdings einige Staaten, die zwar keinen Vollschutz gewährleisten, aber dennoch einstweilige Maßnahmen mit dem Ziel der Vernichtung oder Beschlagnahme der Patentgegenstände vorsehen.[23] Besonders ist hier Ungarn zu erwähnen, das mit den sehr weit reichenden Ansprüchen einstweilen (fast) Vollschutz gewährt.

Bezüglich des Minimalschutzes gibt es jedoch erhebliche Unterschiede. So gibt es Staaten, die wie Deutschland ausschließlich Entschädigungsansprüche

---

21 Deutsches Patent: Schutzbeginn ab Freigabe der Akteneinsicht. Die Veröffentlichung soll zeitgleich erfolgen, §§ 31 Abs. 2, 32 Abs. 5 PatG.
22 Vgl. die Begründung des RegE zum IntPatÜG in BlPMZ 1976, 324 li. Spalte.
23 Siehe Tabelle 1 im Anhang.

für den Zeitraum bis zur Patenterteilung vorsehen,[24] und andere, die darüber hinaus auch z. B. Unterlassungs-[25] oder Schadensersatzansprüche[26] gewähren. In einigen Staaten hängt die Art der Sanktion vom Vorsatz ab (z. B. in Polen und Montenegro). So wird bis zur Grenze der groben Fahrlässigkeit allein eine Entschädigung gewährt, darüber hinaus jedoch Schadensersatz bis hin zur Vernichtung der Gegenstände.

Bemerkenswert ist, dass es fast genauso viele Staaten gibt, die Schadensersatzansprüche gewähren, wie Staaten, die Entschädigungsansprüche vorsehen.[27] Deutschland hat sich hierbei nicht an seine europäischen Nachbarn wie der Schweiz, Frankreich, Griechenland, Irland, Italien und England angepasst, die teilweise noch weitgehendere Sanktionen als einen Schadensersatzanspruch bereithalten.

Eine Absenkung des Schutzniveaus unter die Mindestschwelle des Art. 67 Abs. 2 S. 3 EPÜ oder eine komplette Verweigerung jedweden Schutzes durch die Vertragsstaaten ist nicht möglich, dies würde eine Vertragsverletzung bedeuten.[28]

II.   Übersetzungen

Die Vertragsstaaten haben ergänzend zur Absenkung des Schutzniveaus die Möglichkeit, den einstweiligen Schutz aus der veröffentlichten Patentanmeldung erst dann beginnen zu lassen, wenn eine Übersetzung der Patentansprüche in einer ihrer Amtssprachen der Öffentlichkeit zugänglich gemacht oder demjenigen übermittelt worden ist, der die Erfindung in dem betreffenden Vertragsstaat benutzt, Art. 67 Abs. 3 EPÜ.

Von dieser Möglichkeit haben fast alle Vertragsstaaten (außer der Schweiz, Liechtenstein und Malta) Gebrauch gemacht.[29] In aller Regel treten die einstweiligen Wirkungen erst ab dem Datum ein, an dem eine Übersetzung der

---

24 Minimalschutz gewähren: Albanien, Österreich, Belgien, Bulgarien, Zypern, Tschechische Republik, Deutschland, Dänemark, Spanien, Island, Litauen, Luxemburg, Lettland, Niederlande, Norwegen, Schweden, Slowenien, Slowakei.
25 Unterlassung sehen vor: Portugal, San Marino sowie Ungarn. Als »Beschlagnahme« mit gleicher Wirkung wohl auch: Frankreich, Griechenland, Italien, Monaco, Montenegro und Türkei.
26 Schadensersatz sehen vor: Estland, Finnland, Frankreich, Griechenland, Irland, Italien, Kroatien, Liechtenstein, Monaco, Montenegro, Mazedonien, Polen, Rumänien, San Marino, Schweiz, Serbien, Türkei, Ungarn, Großbritannien.
27 Siehe Tabelle 1 im Anhang.
28 *Schäfers* in *Benkard* EPÜ, Art. 67 Rn. 17; Amtl. Begr. BlPMZ 1976, 324 li. Spalte.
29 Europäisches Patentamt, Nationales Recht zum EPÜ, 15. Aufl. Stand Mai 2011.

europäischen Patentansprüche in die jeweilige Amtssprache veröffentlicht oder sogar dem Benutzer zugegangen ist.[30]

Hieran sollte auch das Londoner Sprachenübereinkommen[31] vom 17.10.2000 nichts ändern. Bis zum 30.04.2008 musste das mit Wirkung für z.B. Deutschland erteilte Europäische Patent innerhalb von drei Monaten in die deutsche Sprache übersetzt werden, damit die Wirkungen des europäischen Patents auch in Deutschland eintraten, Art. II § 3 Abs. 1, 2 IntPatÜG a. F.[32]

Auf dieses Übersetzungserfordernis wird nunmehr aus Gründen der Kostenersparnis verzichtet, sodass es nicht mehr notwendig ist, vollständige Übersetzungen einzureichen. Die geschützten Ansprüche aus dem Patent sind allerdings weiterhin in der jeweiligen Amtssprache einzureichen. Das Londoner Übereinkommen hat damit unter den Vertragsparteien nur das Übersetzungserfordernis für erteilte Patente aufgehoben,[33] nicht aber das Übersetzungserfordernis für die Geltendmachung von Ansprüchen aus veröffentlichten Patentanmeldungen.[34]

III.   Deutsche Umsetzung, Art. II § 1 IntPatÜG

Das deutsche Recht gewährt dem europäischen Patentanmelder, der Deutschland als Vertragsstaat benannt hat und hier Patentschutz begehrt, nach der Art. 67 EPÜ umsetzenden Regelung in Art. II § 1 Abs. 1 IntPatÜG parallel zu § 33 PatG einen Anspruch auf angemessene Entschädigung.[35]

Anders als bei einer rein nationalen Anmeldung besteht hier nicht die Einschränkung des § 33 Abs. 2 PatG[36] für offensichtlich nicht patentfähige Anmeldegegenstände, weil ein solcher Ausschluss nicht von Art. 67 Abs. 2 S. 3 EPÜ gedeckt ist. Vielmehr würde diese Einschränkung hinter den geforderten Minimalschutz zurückfallen und damit eine Vertragsverletzung bedeuten.

Deutschland gehört damit zu den Staaten, die sich für die Minimallösung

---

30 Siehe Tabelle 1 im Anhang.
31 BGBl. 2008 I 1191, in Kraft seit dem 01.05.2008 mit derzeit 16 Vertragsstaaten (Dänemark, Deutschland, Frankreich, Großbritannien, Island, Kroatien, Lettland, Litauen, Liechtenstein, Luxemburg, Monaco, Niederlande, Schweden, Schweiz, Slowenien und Ungarn).
32 Rückwirkend aufgehoben zum 01.05.2008 durch Gesetz zur Verbesserung des geistigen Eigentums vom 07.07.2008 (BGBl. I 1191, 1210).
33 Keine Übersetzung notwendig in: Schweiz, Deutschland, Frankreich, Liechtenstein, Luxemburg, Monaco, Großbritannien. – Vertragsstaat, aber Übersetzung der Ansprüche in die Landessprache bzw. in Englisch notwendig in: Dänemark, Kroatien, Ungarn, Island, Litauen, Lettland, Niederlande, Schweden, Slowenien.
34 *Schäfers* in *Benkard*, Art. 67 Rn. 11; *Osterrieth*, Rn. 598; *Ahrens* in *Fitzner/Lutz/Bodewig*, Art. 67 Rn. 5.
35 Vgl. Begr. RegE BlPMZ 1976, 324 li. Spalte.
36 Ausführlich unten S. 50 f.

entschieden haben. Weitergehende Ansprüche, etwa auf Unterlassung, Schadensersatz oder Vernichtung scheiden nach Art. II § 1 Abs. 1 S. 3 IntPatÜG aus.[37]

Diese gewählte Minimallösung versucht die unterschiedlichen Interessen der Anmelder und Benutzer größtmöglich in Einklang zu bringen und größere Belastungen für Anmelder, Benutzer und der Wirtschaft auf ein für alle Parteien zumutbares Maß zu beschränken. Der Benutzer einer angemeldeten Erfindung hätte z. B. im Falle einer einstweiligen Verfügung nicht die Möglichkeit, Einspruch oder Nichtigkeitsklage zu erheben, weil das Patent noch nicht voll geprüft und noch nicht eingetragen wurde. Diese Lösung erspart auch das Problem des rückwirkenden Wegfalls des vorläufigen Schutzes, bei dem nur derjenige profitieren würde, der sich erst durch eine einstweilige Verfügung zur Unterlassung gezwungen sieht. Er könnte bis dahin nicht nur Gewinn aus der Benutzungshandlung erwirtschaften, sondern bei einer späteren Versagung des Patents sogar noch Schadensersatz gem. § 945 ZPO verlangen.[38]

Dagegen ginge leer aus, wer sich gesetzestreu verhalten und das Schutzrecht respektiert hat.[39]

Auch zeigt die Erfahrung, dass Unterlassungs- und Schadensersatzansprüche des Anmelders vor Patenterteilung zu einer Flut von unberechtigten Klagen und damit zu einer Lähmung der Wirtschaft führen würden.[40] Auf der anderen Seite soll der Anmelder für seine Erfindung belohnt werden.

1.   Verschulden

Die Art. 67 EPÜ umsetzende Regelung in Art. II § 1 IntPatÜG fordert parallel zu § 33 PatG subjektiv Wissen oder Wissen-müssen des Benutzers. Voraussetzung ist also, dass der Benutzer Kenntnis oder vorwerfbare Unkenntnis davon hatte, dass die benutzte Erfindung Gegenstand einer europäischen Anmeldung für den Vertragsstaat Deutschland ist.

Was Verschulden in diesem Zusammenhang genau bedeutet, lässt sich im Vergleich mit der französischen (»mettraient en jeu sa responsabilité«) sowie der englischen Fassung (»in circumstances where that person would be liable«) gut erkennen.

Für das Verschulden kommt es somit nur darauf an, ob der Benutzer für die

---

37 a. A. *Pahlow*, GRUR 2008, 97, 102 f., – der gegen die klare gesetzgeberische Wertung argumentiert.

38 Bejahend nach der Nichtigerklärung eines Patents BGHZ 165, 311, 316 m.w.N. – Detektionseinrichtung II; a. A. *Kroitzsch*, GRUR 1976, 509, 512; *Pietzcker*, GRUR 1980; 442; *Vollkommer* in *Zöller*, § 945 Rn. 8; *Schuschke/Walker*, § 945 Rn. 6; *Grunsky* in *Stein/Jonas*, § 945 Rn. 19 m.w.N.

39 *Pietzcker*, GRUR 1980, 442, 443 f.

40 Siehe unten S. 46 f.

Nutzung des Anmeldegegenstandes verantwortlich ist, also den Anmeldegegenstand kannte oder zumindest hätte kennen müssen. Diese Verantwortlichkeit ist aber schon dann anzunehmen, wenn der Benutzer die Schutzrechtslage nicht ausreichend überwacht hat.[41] Es ist damit von einem einfachen haftungsbegründenden Tatbestand auszugehen,[42] sodass die Anforderungen an das Verschulden äußerst niedrig sind.

In der Praxis dürfte es daher recht schwierig sein, das Verschulden zu verneinen, zumal gleichzeitig mit der Veröffentlichung der Anmeldung ein Recherchenbericht über den Anmeldegegenstand veröffentlicht wird. Dieser Recherchenbericht informiert zum einen den Anmelder frühzeitig über die Erfolgsaussichten seiner Anmeldung und versetzt zum anderen Dritte in die Lage, die Erfolgsaussichten einer eigenen Patentanmeldung in Bezug auf den ermittelten Stand der Technik zu überschauen.[43] Die veröffentlichten Anmeldungen und der Recherchenbericht sind für jedermann online einsehbar.[44]

Seit Mitte 2005 veröffentlicht das EPA gleichzeitig mit dem europäischen Recherchenbericht auch eine erste Stellungnahme zur Patentierbarkeit der angemeldeten Erfindung.[45] Die sog. *European Search Opinion* oder auch »*Stellungnahme zum europäischen Recherchenbericht*« erleichtert dem Anmelder die frühzeitige Entscheidung über eine Fortsetzung seines Verfahrens. Insbesondere können einfach und schnell Anmeldungen erkannt werden, die offensichtlich keinen Schutz verdienen. Die *search opinions* sind für jedermann abrufbar und verständlich. Hierin ist z. B. zu lesen:

»does not satisfy the requirements of novelty according to Article 54(1) and (2) EPC«, oder: »does not satisfy the requirements of inventive step according to Article 56 EPC«[46], oder auch: »Damit ist das technische Problem nicht gelöst und der Gegenstand der Ansprüche [...] nicht erfinderisch«.[47]

Wenn der Benutzer diesen durchaus einfachen Weg der Recherche nicht geht oder gehen möchte, ist ihm die zumindest entschädigungspflichtige Benutzung zurechenbar.[48] Besonders durch die gut lesbaren und überaus informativen *search opinions* ist es nun noch leichter, sich einen Eindruck vom derzeitigen Stand der Technik zu verschaffen. Besondere Kenntnisse im Patentrecht sind dafür kaum notwendig. Die Sprache der *search opinion* ist grundsätzlich identisch mit der Sprache der Anmeldung.

---

41 Vgl. BGH GRUR 1977, 598, 601 – Autoscooter.
42 Vgl. *Schäfers* in *Benkard* EPÜ, Art. 67 Rn. 20.
43 *Ehlers* in *Benkard* EPÜ, Art. 92 Rn. 4.
44 https://register.epo.org.
45 Jahresbericht 2005 im Rückblick, veröffentlicht unter www.epo.org.
46 Search opinion zur Application No: 12152050.6; EP2479828.
47 Search opinion zur Application No: 12165439.6; EP2481757.
48 So auch *Schäfers* in *Benkard*, § 33 Rn. 6.

Die leicht zu bedienende Online-Recherche ist insbesondere auch kleinen und mittelständischen Unternehmen zuzumuten.[49] Einwendungen gegen die Zumutbarkeit überzeugen beim heutigen Stand nicht mehr.

Wie bei einer tatsächlichen Patentverletzung greift der Verschuldensvorwurf jedoch nicht schon am Tag der Veröffentlichung. Dem Benutzer wird vielmehr eine Karenzzeit von bis zu vier Wochen gewährt.[50] Das gilt jedoch dann nicht, wenn der Dritte durch den Anmelder auf die bevorstehende Rechtsverletzung hingewiesen wurde[51] oder wenn ein identisches Gebrauchsmuster eingetragen ist. In diesen Fällen greift der Verschuldensvorwurf bereits direkt mit dem Tag der Veröffentlichung der Anmeldung.

2. Notwendige Übersetzung

Auch in Deutschland ist eine Übersetzung der Patentansprüche Voraussetzung für den Schutzeintritt, soweit die Patentanmeldung nicht in deutscher Sprache veröffentlicht wurde, Art. II § 1 Abs. 2 IntPatÜG; Art. 67 Abs. 3 EPÜ. Der Schutz beginnt erst mit der Veröffentlichung der vom Anmelder eingereichten Übersetzung bzw. direkt mit der Übermittlung der Übersetzung an den Benutzer der in der Anmeldung beschriebenen technischen Lehre.

3. Berechnung der geldwerten Sanktionen

Das EPÜ gibt keine einheitlichen Sanktionen, geschweige denn einheitliche Berechnungsmethoden, vor. Die Berechnungsmethoden der in den jeweiligen Staaten bestehenden geldwerten Sanktionen hängen immer vom nationalen Recht ab.

In Deutschland sind die Berechnungsmethoden zur Parallelnorm des § 33 PatG heranzuziehen. Nach § 33 PatG sollen keine Schäden kompensiert, sondern nur eine billige Entschädigung für die bis zur Patenterteilung formal rechtmäßige Benutzung der angemeldeten technischen Lehre gewährt werden.[52]

Mangels eines Ausschließlichkeitsrechts entfallen daher die Methoden, den Schaden konkret oder anhand des Verletzergewinns zu berechnen.

Zur Berechnung sind vielmehr die Grundsätze der Lizenzanalogie heranzuziehen.[53] Grundlage ist der Betrag, den vernünftige Parteien im Rahmen einer Lizenzvereinbarung als Benutzungsvergütung festgesetzt hätten.[54]

---

49 a.A. *Tetzner*, GRUR 1967, 121 zum damaligen RegE des PatG.
50 BGHZ 98, 12, 24 = GRUR 1986, 803, 806 – Formstein; so auch *Mes*, § 33 Rn. 6.
51 BGH, GRUR 1975, 315, 316 – Metacolor.
52 BGHZ 107, 161, 168 = GRUR 1989, 411 – Offenend-Spinnmaschine.
53 *Schäfers* in *Benkard*, § 33 Rn. 12 f.
54 BGH GRUR 1989, 411, 413 – Offenend-Spinnmaschine.

Diese auf den ersten Blick simple Methode entpuppt sich in der Praxis häufig als sehr schwierig. Oft fehlen jegliche Anhaltspunkte für die Bewertung des Erfindungswertes. Der Benutzer des Anmeldegegenstandes wird den Wert herunterrechnen, der Anmelder selbst sieht seine Erfindung häufig als bahnbrechend an.[55] Dem Anmelder wird daher mit einem Auskunftsanspruch geholfen, der aber nicht den Gewinn oder die Herstellungs- und Vertriebskosten umfasst.[56]

Im Übrigen gelten sämtliche Entscheidungen zu § 33 PatG, mit Ausnahme des Abs. 2,[57] auch für den Entschädigungsanspruch nach einer veröffentlichten europäischen Patentanmeldung.

IV.   Wegfall des Schutzes

Nach Art. 67 Abs. 4 EPÜ entfällt der entstandene Schutz rückwirkend, wenn die Anmeldung zurückgenommen ist oder als zurückgenommen gilt oder rechtskräftig zurückgewiesen worden ist, es letztlich also nicht zur Patenterteilung kommt. Als Zurücknahme gilt vor allem, wenn die Gebühren[58] nicht gezahlt wurden oder der Prüfungsantrag nicht innerhalb der Frist gestellt wurde.[59]

Gleiches gilt, wenn das später erteilte Patent durch Feststellung der Nichtigkeit oder durch Einspruch widerrufen bzw. beschränkt wurde, Art. 68 EPÜ.[60] Da in diesem Falle nie ein Patent (in dem angemeldeten Umfang) bestand, kann es logischerweise auch keinen (oder nur einen beschränkten) einstweiligen Schutz vor Patenterteilung geben.

---

55 *Krieger*, GRUR 2001, 965, 967.
56 BGH GRUR 1989, 411, 413 – Offenend-Spinnmaschine; *Feuerlein* in *Fitzner/Lutz/Bodewig*, § 33 Rn. 12.
57 Siehe unten S. 50 f.
58 Anmelde- oder Recherchengebühr, Art. 78 Abs. 2 EPÜ; Jahresgebühr, Art. 86 Abs. 1 EPÜ; Benennungsgebühr, R. 39 Abs. 2 AO EPÜ.
59 Art. 94 Abs. 2 EPÜ.
60 Nichtigkeitsverfahren, Art. 138 f.; Beschränkungsverfahren, Art. 105a ff.; bzw. Einspruchsverfahren, Art. 99 ff. EPÜ.

V.   Durchsetzung

1.   Internationale Zuständigkeit

a)   Wohnsitz/ Niederlassung

Die Durchsetzung der Patent- und Entschädigungsansprüche ist mit der zunehmenden Globalisierung nicht einfacher geworden. Das EPÜ enthält keine Regelungen zur internationalen Zuständigkeit.[61]

Die internationale Zuständigkeit ergibt sich daher aus der EuGVO bzw. dem LugÜ, allem voran aus dem Wohnsitz oder der Niederlassung des Beklagten, der die Benutzungshandlung vorgenommen hat (Art. 2 Abs. 1 EuGVO/ LugÜ).

b)   Gerichtsstand der unerlaubten Handlung

Der Gerichtsstand der unerlaubten Handlung gemäß Art. 5 Nr. 3 EuGVO/ LugÜ setzt voraus, dass die tatbestandsmäßige Handlung in einem benannten Vertragsstaat vorgenommen wurde. Eine Handlung außerhalb der benannten Vertragsstaaten kann das (noch entstehende) Schutzrecht gar nicht verletzen.[62] Art. 5 Nr. 3 kommt damit nur in Betracht, wenn ein Benutzer mit Wohnsitz im Ausland eine Handlung im Inland vorgenommen hat.

Problematisch ist aber, ob sich der Kläger hier überhaupt auf den Gerichtsstand der unerlaubten Handlung des Art. 5 Nr. 3 EuGVO/ LugÜ berufen kann.

Nach herrschender (deutscher) Ansicht[63] ist der Gerichtsstand der unerlaubten Handlung für Entschädigungsansprüche nicht anwendbar, da das Ausschließlichkeitsrecht erst mit Patenterteilung und nicht schon mit Offenbarung der Anmeldung entsteht und eine Benutzung der offengelegten Erfindung vor Patenterteilung damit strenggenommen nicht rechtswidrig ist. Auch kann der Entschädigungsanspruch als eine Art »Vorbenutzungsgebühr« qualifiziert werden,[64] der mit einer GoA oder einem Kondiktionsanspruch vergleichbar ist.[65] Kondiktions- oder GoA-Ansprüche fallen aber nach einhelliger Auffassung nicht in den Anwendungsbereich von Art. 5 Nr. 3 EuGVO/ LugÜ.[66]

Der internationale Gerichtsstand nach Art. 5 Nr. 3 EuGVO/ LugÜ ist deshalb nicht wählbar.

---

61 Bis zur Schaffung des gemeinsamen Patentgerichts, s. unten S. 39 ff.
62 *Leible* in *Rauscher*, Art. 5 Brüssel I – VO Rn. 85a m. w. N.
63 *Kühnen*, GRUR 1997, 19; *Krieger*, GRUR 2001, 965, 967.
64 So *Schäfers* in *Benkard*, § 33 Rn. 12; *Kühnen*, GRUR 1997, 19, 21.
65 *Kühnen*, GRUR 1997, 19, 21.
66 *Krophollerlvon Hein*, Art. 5 EuGVO Rn. 75 m.w.N.; *Leible* in *Rauscher*, Art. 5 Brüssel I – VO Rn. 81; *Schlosser*, Art. 5 EuGVO Rn. 16 a.E.

c)   Streitgenossengerichtsstand

Wenn mehrere Personen zusammen verklagt werden, kann dies vor dem Gericht des Ortes geschehen, an dem einer der Beklagten seinen Wohnsitz hat, Art. 6 Nr. 1 EuGVO/LugÜ. Erforderlich hierfür ist, dass zwischen den Klagen eine so enge Beziehung besteht, dass eine gemeinsame Verhandlung geboten erscheint, um einander widersprechende Entscheidungen zu vermeiden.

d)   Gerichtsstand der Prorogation und rügelosen Einlassung

Der Kläger kann ferner mit dem späteren Beklagten vorab eine Gerichtsstandsvereinbarung schließen (Art. 23 EuGVO/ LugÜ) oder auf eine rügelose Einlassung des Beklagten hoffen, Art. 24 EuGVO/ LugÜ.

e)   Ausschließlicher Gerichtsstand nach Art. 22 Nr. 4 EuGVO/ LugÜ

Hieran ändert auch die ausschließliche Zuständigkeit nach Art. 22 Nr. 4 EuGVO/ LugÜ nichts. Bei Klagen wegen Verletzung eines erteilten Patents führt Art. 22 Nr. 4 nur zur Aussetzung des Verfahrens, bis der Nichtigkeitseinwand im Registerstaat abschließend geklärt ist.[67] Damit wird zwar das Verfahren etwas in die Länge gezogen, doch bleibt die Zuständigkeit des Verletzungsgerichts erhalten und die Entscheidungszuständigkeiten in Artt. 2, 6 Nr. 1, 23 EuGVO werden nicht obsolet.[68] Andernfalls wäre die Geltendmachung der Verletzung mehrerer nationaler Teile eines europäischen Patents vor einem Gericht gar nicht möglich und der allgemeine Gerichtsstand am Sitz des Beklagten entwertet.[69] Das wäre ein Rückfall in die Zeit vor dem EuGVÜ.

Art. 22 Nr. 4 EuGVO/ LugÜ gilt aber nicht nur für erteilte Patente. Aus der Formulierung: »die Hinterlegung oder Registrierung beantragt oder vorgenommen worden ist« folgt vielmehr, dass die Norm auch in der Zeit zwischen Anmeldung und Erteilung des Patents Anwendung findet.[70]

Der Nichtigkeitseinwand kann gegen eine Anmeldung allerdings noch nicht erhoben werden. Auch ein Einspruch ist erst nach Patenterteilung möglich. Somit kann in den Fällen von § 33 PatG die Frage der Gültigkeit nach Art. 22 Nr. 4 EuGVO gar nicht aufgeworfen werden.

Das Problem wird somit nur virulent, wenn der einstweilige Anspruch in einer Klage mit Patentverletzungsansprüchen verbunden wird. Dann kann gegen das (erteilte) Patent der Nichtigkeitseinwand erhoben und das Verfahren

---

67 *Schack*, Rn. 350; *Kropholler/von Hein* Art. 22 EuGVO Rn. 50 m.w.N.
68 Zur Problematik vgl. *Schack*, Rn. 350 m.w.N.;
    Adolphsen, IPRax 2007, 15, 19; *Reichardt*, GRUR Int 2008, 574, 575 f.
69 So tendenziell EuGH, 13.07.2006 – Rs. C-4/03 = GRUR 2007, 49 – GAT/LUK.
70 Vgl. *Geimer/Schütze*, Art. 22 EuGVO Rn. 230; *Blumer* in *Dasser/Oberhammer*, Art. 16 LugÜ, Rn. 20.

wegen Art. 22 Nr. 4 EuGVO nach nationalem Recht (z. B. analog § 148 ZPO) ausgesetzt werden.[71]

Wenn allein einstweilig gewährte Rechte vor Patenterteilung streitig sind, kann auch gegen Benutzungshandlungen im Ausland vorgegangen[72] und in Anwendung des Schutzlandprinzips (siehe unten S. 32) z. B. eine angemessene Entschädigung zugesprochen werden. In den allermeisten Staaten wird das Verfahren jedoch bis zur Patenterteilung wie in § 140 PatG ausgesetzt. Nach Patenterteilung kann aber der Nichtigkeitseinwand gegen das erteilte Patent erhoben werden, sodass das Verfahren dann erneut bis zur Klärung der Nichtigkeit wegen Art. 22 Abs. 4 EuGVO auszusetzen wäre.

Da es sich beim europäischen Patent nur um ein Bündel nationaler Patente handelt, ist ein zuständiges Gericht nicht auch für Klagen wegen Benutzungshandlungen desselben Beklagten in anderen Vertragsstaaten zuständig.[73] Insoweit muss vielmehr nach einer selbstständigen internationalen Zuständigkeit gesucht werden.

2.   Örtliche und sachliche Zuständigkeit

Soweit die deutschen Gerichte international zuständig sind, bestimmt sich die örtliche Zuständigkeit nach den allgemeinen Vorschriften. Der allgemeine Gerichtsstand des Beklagten bestimmt sich nach §§ 12, 13, 17 ZPO.

Die Gerichte nach Art. 5 Nr. 3 EuGVO können örtlich aber nicht zuständig sein, da Benutzungshandlungen vor Patenterteilung mangels Ausschließlichkeitsrecht nicht rechtswidrig sind und damit keine rechtswidrige Handlung vorliegt, die einen solchen örtlichen Gerichtsstand begründen könnte.[74]

Die sachliche Zuständigkeit richtet sich nach § 143 Abs. 1 PatG. Ohne Rücksicht auf den Streitwert sind erstinstanzlich die Zivilkammern der Landgerichte für Patentstreitsachen ausschließlich zuständig. Zur sachgerechten Entscheidung und Bündelung des Erfahrungswissens wurde die funktionelle Zuständigkeit in Patentstreitsachen auf einzelne Landgerichte konzentriert, § 143 Abs. 2 PatG.[75] So werden die mit Abstand meisten Patentprozesse vor dem LG Düsseldorf geführt.[76]

---

71 Vgl. *Schack*, Rn. 350.
72 Vorausgesetzt, die inländische internationale Zuständigkeit ist gegeben.
73 Vgl. *Adolphsen*, IPRax 2007, 15, 17.
74 Siehe oben S. 29 f.; so auch zu § 32 ZPO *Kühnen*, GRUR 1997, 19; *Krieger*, GRUR 2001, 965, 967; a. A. *Ohl*, GRUR 1976, 557, 560.
75 *Osterrieth*, Rn. 245.
76 *Rademacher*, S. 30 m.w.N.

3.   Anwendbares Recht

Nach Art. 8 Abs. 1 Rom II – VO ist auf die Verletzung von Rechten des geistigen Eigentums das Recht des Staates anzuwenden, für den der Schutz beansprucht wird (*lex loci protectionis*, Schutzlandprinzip).[77] Das gilt auch für Benutzungshandlungen einer offengelegten Patentanmeldung. Damit ist stets das Recht des Staates anzuwenden, in dem bzw. für dessen Gebiet das Schutzrecht angemeldet wurde.

Die Gerichte in Deutschland können das Verfahren bei Klagen aus veröffentlichten Patentanmeldungen nach § 140 PatG aussetzen, bis die Entscheidung über die Erteilung des Patents feststeht. Wegen der aus Art. II § 1 IntPatÜG folgenden Gleichstellung europäischer und nationaler Patentanmeldungen ist § 140 PatG entsprechend auf Klagen aus veröffentlichten europäischen Patentanmeldungen anzuwenden.[78] Gemäß § 140 S. 2 PatG kann das Gericht den Patentanmelder auch auffordern, den noch nicht gestellten Prüfungsantrag, § 44 PatG, innerhalb einer gewissen Frist zu stellen.[79]

Dem Gericht ist es jedoch verwehrt, die Klage wegen offensichtlicher Patentunfähigkeit (§ 33 Abs. 2 PatG) abzuweisen, da diese Möglichkeit in Art. 67 Abs. 2 S. 3 EPÜ, anders als bei einer nationalen Anmeldung, gerade nicht besteht.[80]

VI.   Ergebnis

Das EPÜ gewährt dem Anmelder europäischer Patente einstweilen den Schutz, den der Anmelder bei Patenterteilung im Bestimmungsstaat erhalten würde, Artt. 67 Abs. 1, 64 Abs. 1 EPÜ. Da dieser Schutz in den meisten Ländern als zu weitgehend empfunden wird, lässt Art. 67 Abs. 2 EPÜ eine Absenkung des Schutzniveaus zu. Das Minimum ist jedoch ein Anspruch auf angemessene Entschädigung. Eine solche Absenkung haben etwa die Hälfte der Vertragsstaaten vorgenommen. Die andere Hälfte gewährt dagegen einen Anspruch auf Schadensersatz, in manchen Fällen verbunden mit Vernichtungs-, Unterlassungs- oder Herausgabeansprüchen. In fast allen Staaten muss eine Übersetzung der Anmeldung zumindest veröffentlicht, oft auch dem Benutzer der angemeldeten Erfindung übermittelt worden sein.

Die Berechnung der Entschädigung hat im deutschen Recht nach den Grundsätzen der Lizenzanalogie zu erfolgen.

77 *Junker*, NJW 2007, 3675, 3680; *Wagner*, IPRax 2008, 1, 7; *Handig*, GRUR Int 2008, 24 ff.
78 *Rogge/Grabinski* in Benkard, § 140 Rn. 1.
79 *Feuerlein* in *Fitzner/Lutz/Bodewig*, § 33 Rn. 9.
80 So auch *Schulte*, § 140 Rn. 3; *Rogge/Grabinski* in *Benkard*, § 140 Rn. 3.

B. PCT – Patent Cooperation Treaty

Der PCT ist mit derzeit 146 Vertragsstaaten eines der weltweit größten internationalen Übereinkommen. Die internationale Anmeldung nach PCT erfordert wie das EPÜ ein Verfahren, das sich in eine internationale und eine nationale bzw. regionale Phase aufteilt. Die internationale Phase umfasst hier allein die Anmeldung, Recherche und Veröffentlichung der noch ungeprüften Anmeldung. Die Erteilung der Patente erfolgt dann in der nationalen Phase durch die jeweiligen nationalen Patentämter der Bestimmungsstaaten bzw. durch die regionalen Ämter (EPA, AIPO[81], EAPO[82], ARIPO[83]).

Im Folgenden kommt es nur auf die internationale Phase an, da allein hier die Veröffentlichung der Anmeldung stattfindet.[84] Insoweit ist nur das anwendbare Recht in dieser Phase für den einstweiligen Schutz bedeutsam. Die nationale bzw. regionale Phase (Prüfungs- und Erteilungsphase) kann daher weitgehend außer Acht bleiben.

I. Einstweiliger Schutz nach Art. 29 PCT

In der internationalen Phase darf allein das PCT mit den dazugehörigen Ausführungs- und Prüfungsbestimmungen angewendet werden. Auf eine ordnungsgemäße Anmeldung nach Art. 3 PCT folgt wie im EPÜ eine Eingangs- und Formalprüfung, bei der u. a. der internationale Anmeldetag bestimmt wird, Art. 11 PCT.

Die Anmeldung wird sodann nach Artt. 15, 16 PCT, Regel 33 – 36 AO-PCT an die internationale Recherchenbehörde (ISA[85]) gesandt. Die ISA ermittelt den Stand der Technik und erstellt einen Bericht, ob die technische Lehre neu, erfinderisch und gewerblich anwendbar ist.

Die internationale Anmeldung wird durch das Internationale Büro (WIPO) mit dem Recherchenbericht (soweit schon verfügbar) unverzüglich nach Ablauf von 18 Monaten ab dem Prioritätsdatum der Anmeldung elektronisch veröffentlicht, Art. 21 PCT.[86] Auf Antrag des Anmelders kann die Veröffentlichung

---

81 African Intellectual Property Organization mit 16 Vertragsstaaten.
82 Eurasian Patent Organization mit 9 Vertragsstaaten.
83 African Regional Intellectual Property Organization mit 15 Vertragsstaaten.
84 Mit Ausnahme der regionalen Ämter, die die Anmeldung z. T. ebenfalls veröffentlichen, wie z. B. das EPA.
85 International Search Authority; nähere Informationen zu deren Zuständigkeit unter http://www.wipo.int/pct/guide/en/index.html.
86 Veröffentlicht werden eine Titelseite, Beschreibungen, Ansprüche und Zeichnungen. Die PCT-Datenbank ist abrufbar unter www.wipo.int/pctdb.

auch schon vorher erfolgen, Art. 21 Abs. 2b PCT, Regel 48.4 AO-PCT. Bis zur
Patenterteilung in der anschließenden nationalen bzw. regionalen Phase kann es
dann allerdings noch Jahre dauern, da der Prüfungsantrag bei den Bestim-
mungsämtern erst innerhalb von 30–31 Monaten[87] ab dem Prioritätsdatum
gestellt werden muss.[88]

Da die veröffentlichten Anmeldungen nicht ungeschützt bleiben sollen,
haben die Bestimmungsstaaten nach Art. 29 Abs. 1 PCT die veröffentlichten
internationalen Anmeldungen mindestens so zu schützen, wie sie es nach ihrem
nationalen Recht bei gesetzlich vorgeschriebener inländischer Veröffentlichung
der ungeprüften Anmeldungen tun. Sieht das nationale Recht einen vorläufigen
Schutz vor, dann muss der gleiche Schutz also auch für die veröffentlichten
internationalen Anmeldungen gewährt werden.[89] Der Schutz kann in den einzelnen Vertragsstaaten daher unterschiedlich weit reichen.

Hieran wird deutlich, dass das PCT allein die Anmeldung vereinfacht und
vereinheitlicht. Die Patente selbst werden später allein von den einzelnen Staaten
erteilt. PCT-Anmeldungen sollen daher zunächst genauso wie nationale
Anmeldungen geschützt werden.

1.   Abweichungsbefugnis von Veröffentlichung

Vom Erfordernis der Veröffentlichung kann nach dem Vorbehalt in Art. 64
Abs. 3a PCT abgewichen werden. Diesen Vorbehalt haben alleine die USA eingelegt.[90] Internationale Anmeldungen mit Bestimmungsstaat (ausschließlich)
USA müssen daher nicht veröffentlicht werden (Art. 64 Abs. 3b PCT).[91] Damit
stellen sich bezüglich der USA auch keine Veröffentlichungsprobleme. Denn
ohne Veröffentlichung kann an der technischen Lehre nicht partizipiert werden.

2.   Kein Mindestschutz

Im Gegensatz zum EPÜ schreibt das PCT keinen Mindeststandard für den
Schutz veröffentlichter Anmeldungen vor. Glücklicherweise stellt dieser Umstand keinen allzu großen Nachteil dar, da die meisten und wirtschaftlich

---

87 Übergang in die nationale/regionale Phase, Art. 22 Abs. 1 und 3, Art. 39 PCT. 31 Monate nur
   bei Anmeldungen beim EPA: R. 159 Abs. 1 AO-EPÜ.
88 Dadurch bleibt dem Anmelder genügend Zeit, Marktchancen auszuloten oder Investoren zu
   suchen.
89 Siehe Tabelle 2 im Anhang.
90 PCT-Vorbehalte aktuell unter http://www.wipo.int/pct/de/texts/reservations/res_in-
   comp.html.
91 Auch in den USA bestehen Mechanismen zum Schutz veröffentlichter Anmeldungen, vgl. 35
   USC § 154(d)(1): Anspruch auf angemessene Entschädigung (»reasonable royalty«).

wichtigsten Staaten zumindest eine (»reasonable compensation«) angemessene Entschädigung bis hin zum Schadensersatz vorsehen. Doch gibt es auch Staaten, die gar keinen Schutz gewähren, z. B. Brasilien, Bahrein, Kuba.[92] Hier ist der PCT-Anmelder – genau wie der nationale Anmelder in diesen Staaten – absolut schutzlos.

3. Übersetzungserfordernis, Art. 29 Abs. 2 PCT, Regel 12.4 AO-PCT

Ähnlich wie im EPÜ können die Vertragsstaaten auch im PCT-Verfahren den Eintritt der einstweiligen Wirkungen vom Erfordernis einer Übersetzung abhängig machen, Art. 29 Abs. 2 PCT, Regel 12.4 AO-PCT. Diese Möglichkeit besteht, wenn die Sprache der Veröffentlichung der internationalen Anmeldung eine andere ist als die Sprache, in der die jeweiligen nationalen Anmeldungen veröffentlicht werden.

Alle PCT-Vertragsstaaten haben von dieser Möglichkeit Gebrauch gemacht und setzen eine vorhergehende Übersetzung mindestens der Patentansprüche als Basis jedweder Ansprüche voraus. Wie beim EPÜ ist es aber dem jeweiligen Staat vorbehalten, ob die Übersetzung für die Geltendmachung der Ansprüche bloß veröffentlicht oder dem jeweiligen Benutzer der veröffentlichten Anmeldung übermittelt worden sein muss, Art. 29 Abs. 2 PCT.

4. Territorialität

Eine mögliche Benutzungshandlung setzt voraus, dass das Land, in dem die Handlung stattfand, auch Bestimmungsstaat der internationalen Anmeldung ist. Wenn eine Benutzungshandlung in China vorgenommen wird, ohne dass China Bestimmungsstaat der internationalen Anmeldung ist – für China also kein Patentschutz begehrt wird –, können gegen eine in China stattfindende Benutzung auch keine Ansprüche geltend gemacht werden (Schutzlandprinzip).[93]

II. Umsetzung in Deutschland

Deutschland hat dem PCT mit Art. III IntPatÜG zugestimmt. Nach Art. III § 8 Abs. 1 IntPatÜG ist § 33 PatG auf die Veröffentlichungen von internationalen Anmeldungen anzuwenden. Damit steht eine veröffentlichte PCT-Anmeldung mit dem Bestimmungsstaat Deutschland einer nationalen Anmeldung beim DPMA (anders als eine EPÜ-Anmeldung) rechtlich gleich, da sich Deutschland

---

92 Siehe Tabelle 2 im Anhang.
93 öOGH GRUR Int 1987, 259 – UNO-City II, im Verhältnis zu Deutschland.

36   Teil 1: Patentrecht

mangels eines Mindestschutzes im PCT nicht an die Minimum-Schutzgrenze des EPÜ halten musste.[94] Damit ist auch § 33 Abs. 2 PatG anwendbar, sodass offensichtlich nicht patentfähige Anmeldegegenstände keinen einstweiligen Schutz genießen.[95]

Beim Verschulden und der Berechnung der Sanktionen bestehen keine Unterschiede zu einer direkten Patentanmeldung in Deutschland.[96]

III.   Schutz von Euro-PCT-Anmeldungen

Über eine PCT-Anmeldung können nicht nur einzelne nationale Patente, sondern auch direkt ein ganzes Bündel an nationalen Patenten erreicht werden. Grundlage hierfür ist z. B. das EPÜ als regionaler Patentvertrag gemäß Art. 45 Abs. 1 PCT. Danach können europäische Patente auch aufgrund einer PCT-Anmeldung erteilt werden.

Die internationale Phase (Anmeldung/Prüfung) gestaltet sich bei allen Bestimmungsstaaten bzw. Regionen gleich. In der nationalen Phase wird aber nicht das nationale Recht des einzelnen Bestimmungsstaates angewendet, sondern das regionale Recht, hier das EPÜ (sog. Euro-PCT-Anmeldung). Damit ist eine direkte Verzahnung von PCT und EPÜ gelungen.

1.   Einstweiliger Schutz nach Art. 29 PCT i. V. m. Artt. 153, 67 EPÜ

Nach Art. 21 PCT müssen auch Euro-PCT-Anmeldungen 18 Monate nach dem Prioritätsdatum veröffentlicht werden. Art. 29 Abs. 1 PCT bestimmt, dass eine internationale Veröffentlichung dieselben Wirkungen hat wie eine nationale Veröffentlichung ungeprüfter Anmeldungen. Da hier aber das EPÜ anzuwenden ist, bestimmt sich die Wirkung der Veröffentlichung nach dem EPÜ.

Gemäß Art. 153 Abs. 3 EPÜ wird die Euro-PCT-Anmeldung wie eine europäische Anmeldung behandelt. Hiernach tritt eine veröffentlichte Euro-PCT-Anmeldung an die Stelle einer veröffentlichten europäischen Patentanmeldung. Somit gilt wie bei veröffentlichten europäischen Patentanmeldungen Art. 67 EPÜ, d. h. grundsätzlich Maximalschutz nach Art. 64 EPÜ. Die Vertragsstaaten können aber auch hier abweichen und im Rahmen des Art. 67 Abs. 2 einen Minimalschutz vorsehen.[97]

---

94 Wegen Art. 67 Abs. 2 S. 3 EPÜ konnte Art. II § 1 IntPatÜG nicht direkt auf § 33 PatG verweisen, sondern musste für EPÜ-Anmeldungen eigenständig formuliert werden; s. oben S. 24 ff.
95 Zu § 33 Abs. 2 PatG s. unten S. 50 f.
96 Siehe unten S. 49 f. und 54 f.
97 Siehe oben S. 22 f.

Damit kommt es zu einer Verweisungskette, in der nach Art. 29 PCT das EPÜ als regionaler Patentvertrag und dadurch nach Artt. 153 Abs. 3, 67, 64 EPÜ das jeweilige nationale Recht Anwendung findet, letzteres mit der Maßgabe, dass zumindest der Minimalschutz von Art. 67 Abs. 2 EPÜ einzuhalten ist.

Über die Sanktionen können die einzelnen Staaten in diesem Rahmen frei entscheiden. Damit kommt es in Bezug auf die Sanktionen auch bei Euro-PCT-Anmeldungen letztlich doch auf das nationale Recht an.

Im Übrigen läuft das Verfahren genauso ab wie bei einer direkten EPÜ-Anmeldung. Insbesondere ergeben sich hierbei dieselben Probleme wie beim EPÜ.

2. Übersetzungserfordernis bei Euro-PCT-Anmeldungen

Art. 29 Abs. 2 PCT erlaubt den einstweiligen Schutz vom Vorliegen einer Übersetzung abhängig zu machen. Hiervon haben nicht nur die PCT-Vertragsstaaten Gebrauch gemacht. Auch das EPÜ sieht auf der ersten Stufe vor, dass der einstweilige Schutz erst eintreten kann, sobald die Veröffentlichung in einer der drei Amtssprachen des EPA[98] erfolgt ist, Art. 153 Abs. 3 und 4 EPÜ.

Damit aber nicht genug. Auf der zweiten Stufe bedarf es einer weiteren Übersetzung. Gemäß Artt. 67 und 64 EPÜ hängt der Schutzbeginn ebenfalls von einer Veröffentlichung der Übersetzung in die jeweilige Amtssprache in den Bestimmungsstaaten ab.

Wenn eine Euro-PCT-Anmeldung z.B. in Chinesisch veröffentlicht wird, muss diese also zunächst in eine Amtssprache, z.B. Deutsch, übersetzt werden. Nun treten die einstweiligen Wirkungen – vorausgesetzt, diese Länder verlangen keine Übermittlung an den Benutzer – in allen Ländern mit deutscher Amtssprache ein. Damit aber gegen Benutzer in England oder Italien vorgegangen werden kann, muss die Veröffentlichung der Anmeldung auch ins Englische bzw. Italienische übersetzt und bei den jeweiligen nationalen Ämtern eingereicht oder dem Benutzer übermittelt werden.[99] Dass dieses Verfahren umständlich und sehr kostenintensiv ist, liegt auf der Hand. Es ist aber immer noch günstiger als eine direkte Anmeldung in jedem einzelnen Staat.

3. Umsetzung von Euro-PCT-Anmeldungen in Deutschland

Wenn in mehreren europäischen Staaten Schutz begehrt wird, kann eine Euro-PCT-Anmeldung neben der Kostenersparnis auch rechtliche Vorzüge haben.

Da das Verfahren in der regionalen Phase ganz nach EPÜ abläuft und sich die

---

98 Deutsch, Englisch oder Französisch.
99 *Schennen* in *Eisenführ/Schennen*, Art. 68, Rn. 21.

einstweiligen Maßnahmen daher nach Art. 67 EPÜ richten, hat der deutsche Gesetzgeber die Umsetzung in Art. II § 1 Abs. 3 IntPatÜG so ausgestaltet, dass eine Euro-PCT-Anmeldung wie eine ganz normale EPÜ-Anmeldung zu behandeln ist. Somit gilt auch für eine Euro-PCT-Anmeldung Art. II § 1 Abs. 1 und nicht etwa Art. III § 8 Abs. 1 IntPatÜG. Damit gilt aus völkervertraglichen Gründen nicht die Einschränkung des § 33 Abs. 2 PatG für offensichtlich nicht patentfähige Anmeldegegenstände.[100] Auch mittelbare Benutzungshandlungen der angemeldeten Erfindung lösen eine Entschädigungspflicht aus.[101]

Wenn Deutschland aber direkt Bestimmungsstaat der PCT-Anmeldung ist, gilt Art. III § 8 Abs. 1 IntPatÜG und damit auch die Einschränkung für offensichtlich nicht patentfähige Anmeldegegenstände in § 33 Abs. 2 PatG.

IV. Durchsetzung

Durch eine PCT-Anmeldung entsteht im weiteren Verlauf wie beim Europäischen Patent nur ein Bündel nationaler Patente. Gegen Verletzungen muss daher vor den jeweiligen nationalen Gerichten geklagt werden. Wie das EPÜ enthält auch der PCT keine Vorschriften zur internationalen Zuständigkeit. Insoweit ist also wieder auf die allgemeinen Regeln der EuGVO/ LugÜ abzustellen.

Das gilt auch für Euro-PCT-Anmeldungen. Auf sie wäre das EPÜ anwendbar, das aber ebenfalls keine Zuständigkeitsregelungen enthält.[102]

V. Ergebnis

Dem PCT-Anmelder steht nach Art. 29 PCT ein einstweiliger Schutz für seine von der WIPO in Genf veröffentlichte Patentanmeldung zu, soweit ein solcher Schutz im jeweiligen Bestimmungsstaat vorgesehen ist. Ein Mindestschutz in Form einer den Umständen nach angemessenen Entschädigung wird dem PCT-Anmelder im Gegensatz zu einem EPÜ-Anmelder jedoch nicht zuteil. In Deutschland besteht zudem die Einschränkung in § 33 Abs. 2 PatG für offensichtlich nicht patentfähige Anmeldegegenstände, die keinen einstweiligen Schutz genießen.

Wenn die PCT-Anmeldung eine »EP« Bestimmung[103] erhält, wird der veröffentlichten Euro-PCT-Anmeldung im Gebiet der EPÜ-Vertragsstaaten einst-

---

100 Zum EPÜ s. oben S. 24 f.
101 Sehr streitig, hierzu ausführlich unten S. 51 ff.
102 Vgl. die Ausführungen zum EPÜ oben S. 29 ff.
103 PCT-Anmeldung eines Europäischen Patents.

weilen der gleiche Schutz gewährt wie einer normalen europäischen Patentanmeldung nach dem EPÜ. Hier greift deshalb der Mindeststandard des Art. 67 Abs. 2 S. 3 EPÜ,[104] sodass – anders als bei einer direkten PCT-Anmeldung für ein deutsches Patent – auch offensichtlich nicht patentfähige Anmeldegegenstände geschützt werden. Bei Euro-PCT- Anmeldungen kann sich der Anmelder sicher sein, dass die Benutzung seiner veröffentlichten Anmeldung wegen des Mindestschutzes des EPÜ wenigstens entschädigungspflichtig ist. Bei normalen PCT-Anmeldungen ist ein Schutz von offengelegten Anmeldungen nicht immer gegeben, wenn der jeweilige Staat keine Sanktionen vorsieht.

C. Europäisches Patent mit einheitlicher Wirkung (Gemeinschaftspatent)

I. Einleitung

In den EPÜ-Vertragsstaaten entscheiden derzeit allein die nationalen Gerichte über die Rechtsgültigkeit und Verletzung europäischer Patente. Grund hierfür ist, dass das Europäische Patent nicht einheitlich wirkt, sondern nur ein Bündel nationaler Patente entsteht.[105] Diese Patente können weder in einem Akt übertragen noch in einem Verfahren für nichtig erklärt werden. Überdies haben die Anmelder mit hohen Übersetzungskosten zu kämpfen. Die durchschnittlichen Kosten für ein Europäisches Patent betragen derzeit ca. 36.000 €.[106]

Diese Nachteile soll das landläufig so bezeichnete Gemeinschaftspatent verhindern. Dessen Geschichte war im Gegensatz zur Gemeinschaftsmarke und zum Gemeinschaftsgeschmacksmuster bisher nicht von Erfolg gekrönt. Bereits 1975 versuchte man, ein EWG-Patent[107] auf den Weg zu bringen.[108] Aus politischen Gründen scheiterte dieser Versuch aber kläglich.[109]

Auch ein zweiter Anlauf nach einer umfassenden Revision des Gemeinschaftspatentübereinkommens von 1989[110] scheiterte an der fehlenden Ratifikation einiger Mitgliedstaaten.[111]

---

104 Zum EPÜ s. oben S. 21 ff.
105 Siehe oben S. 19 ff.
106 http://www.europarl.europa.eu/news/de/pressroom/ content/20121210IPR04506 (letzter Abruf am 06.01.2014).
107 Gemeinschaftspatentübereinkommen (GPÜ) vom 15.12.1975, BGBl. 1979 II 833.
108 Hierzu *Grabitz/Hilf/Nettesheim*, Art. 118a AEUV Rn. 30 ff.
109 Hierzu *van Benthem*, Mitt. 1993, 151, 152 ff.; *Krieger*, FS Everling, 701, 703 ff.
110 Vereinbarung über Gemeinschaftspatente vom Dezember 1989, EG-ABl. L 401, S. 1, BGBl. 1991 II 1354.
111 Nur 7 der 12 Staaten hatten das Übereinkommen ratifiziert.

Erst im Jahre 2000 nach dem Vertrag von Amsterdam wurde mit Blick auf die Gemeinschaftsmarke und das Gemeinschaftsgeschmacksmuster ein neuer Anlauf unternommen.[112] Zwei Jahre später, im Februar 2002, billigte der von der Kommission betraute Ausschuss für Recht und Binnenmarkt den Vorschlag für eine GemPatVO[113].

Heftiger Streit bestand aber über die Sprachenregelung, die Verteilung der Gebühren und die gerichtliche Durchsetzung. Diese Hürden verzögerten den Vorschlag bis 2007. Erst die Mitteilung der Kommission zur »Vertiefung des Patentsystems in Europa«[114] gab dem Vorhaben neuen Auftrieb. Danach sollte ein einheitliches europaweites Patentgerichtssystem geschaffen werden, und die Gemeinschaftspatente sollten nicht mehr in alle Sprachen übersetzt werden müssen.

Der damit in Gang gesetzte Prozess endete vorerst im Jahre 2012. Die Kommission unterbreitete Vorschläge für zwei Verordnungen über die Umsetzung der Verstärkten Zusammenarbeit[115] zur Schaffung eines einheitlichen Patentschutzes (EPV) sowie über die anwendbaren Übersetzungsregelungen (ÜEPV)[116]. Im Dezember 2012 billigte der Rat diese beiden Verordnungen sowie das Übereinkommen über ein einheitliches Patentgericht (EPGÜ)[117] (sog. Patentpaket).

Die Klage Spaniens und Italiens gegen den Beschluss des Rates über die verstärkte Zusammenarbeit wurde vom EuGH im April 2013 abgewiesen.[118] Spanien hat im Alleingang Ende März 2013 beim EuGH zwei neue Klagen gegen die beiden Verordnungen (EPV und ÜEPV) eingereicht, wodurch sich der EuGH nun auch inhaltlich mit dem neuen Einheitspatent beschäftigen muss.[119]

Das Übereinkommen über ein Einheitliches Patentgericht (EPGÜ) wurde am 19.02.2013 von 24 der 27 EU-Mitgliedstaaten,[120] einschließlich Italiens, unterzeichnet. Bulgarien zog am 05.03.2013 nach. In Polen sind die zur Genehmigung

---

112 Vorschlag für eine Verordnung des Rates über das Gemeinschaftspatent, KOM (2000) 412 endg. vom 01.08.2000.
113 A5–0059/2002.
114 KOM (2007) 165 endg. vom 03.04.2007.
115 Die Verstärkte Zusammenarbeit war notwendig geworden, da Italien und Spanien wegen der Sprachenregelung weitere Verhandlungen blockierten. Ermächtigung zur Verstärkten Zusammenarbeit durch Beschluss des Rates, EU-ABl. 2011 L 76, S. 53 vom 22.03.2011.
116 VO 1257/12 (im Folgenden: EPV) und VO 1260/12 (im Folgenden: ÜEPV), EU-ABl. 2012 L 361, S. 1 ff. und 89 ff.
117 Ratsdokument 16351/12 vom 11.01.2013 (im Folgenden: EPGÜ) unter http://www.epo.org/law-practice/unitary/patent-court_de.html.
118 EuGH, Urteil vom 16.04.2013 in den verbundenen Rs. C-274/11 und C-295/11 Spanien und Italien gegen den Beschluss des Rates; GRUR Int 2013, 542.
119 EuGH C-146/13 und C-147/13 vom 22.03.2013.
120 Mit Ausnahme von Polen und Spanien. Kroatien ist erst seit dem 01.07.2013 Mitglied der EU.

der Unterzeichnung erforderlichen internen Verfahren noch nicht abgeschlossen, und Spanien hat beschlossen, das Übereinkommen nicht zu unterzeichnen. Beide Mitgliedstaaten können dem Übereinkommen aber jederzeit beitreten.[121]

Um in Kraft zu treten, muss das Übereinkommen von mindestens 13 Staaten, darunter Deutschland, Frankreich und dem Vereinigten Königreich, ratifiziert werden.[122] Österreich, Belgien, Frankreich und Schweden haben den Anfang gemacht und das Übereinkommen ratifiziert.[123]

Die beiden Verordnungen zur Umsetzung der Verstärkten Zusammenarbeit und der Übersetzungsregeln (EPV und ÜEPV) traten am 20. Januar 2013 in Kraft. Sie werden aber erst ab dem 1. Januar 2014 bzw. ab dem Tag des Inkrafttretens des ÜEPV Anwendung finden, je nachdem, welcher Zeitpunkt der spätere ist.[124] Das einheitliche Patent kann daher frühestens ab dem 1. Januar 2014 beantragt werden. Realistisch ist dieser Zeitpunkt jedoch nicht. Das BMJ geht vorsichtig vom Start des neuen Systems im Jahre 2015 aus.[125]

II. Schutzsystem

Die EPV stellt ein besonderes Übereinkommen i. S. v. Art. 142 EPÜ und einen regionalen Patentvertrag i. S. v. Art. 45 PCT dar. Damit lässt sich ein Europäisches Patent mit einheitlicher Wirkung auch über eine PCT-Anmeldung erreichen.

Das sog. Europäische Patent mit einheitlicher Wirkung (»Gemeinschaftspatent«) wird wie das bisherige Europäische Patent vom EPA erteilt. Das EPA ist daher auch weiter zuständig für die Recherche, Prüfung und Erteilung des Patents. Neben diesen normalen Tätigkeiten muss das EPA nun aber auch die sonst von den nationalen Ämtern wahrgenommenen Verwaltungsaufgaben ausführen (Erhebung, Verwaltung und Verteilung der Jahresgebühren sowie Registerführung von Rechtsstandsdaten zu Lizenzen, Rechtsübertragungen und Beschränkungen sowie Widerruf von Patenten).

Letztlich ist das neue einheitliche Patent aber nichts anderes als ein Europäisches Patent mit einheitlicher Wirkung (ohne Spanien und Italien). Die einheitliche Wirkung ist aber nicht so umfassend, wie man es nach 40 Jahren hätte erwarten dürfen. Im Entwurfsstadium wurde viel über materiellrechtliche

---

121 http://www.consilium.europa.eu/homepage/highlights/agreement-on-unified-patent-court-signed (letzter Abruf 10.07.2013).
122 Dokument 16351/12, S.6; s. oben Fn. 117.
123 Aktueller Stand einsehbar unter http://ec.europa.eu/internal_market/indprop/patent/ratification.
124 Art. 18 Abs. 1 EPV, Art. 17 Abs. 2 ÜEPV.
125 Pressemitteilung des BMJ, abgedruckt in BlPMZ 2013, 11.

Regelungen gestritten. Im Ergebnis wurden nur die Erteilung, Vernichtung, Übertragung sowie der Unterlassungsanspruch in der EPV vereinheitlicht. Mehr war aufgrund der Blockadehaltung verschiedener Staaten nicht möglich.[126]

Stattdessen wurden materiellrechtliche Ansprüche in die Artt. 25 ff. EPGÜ verlegt. Hier ist u. a. das Recht auf Verbot der unmittelbaren und mittelbaren Benutzung festgelegt, Art. 25 und 26 EPGÜ. Sogar ein eingeschränktes nationales Vorbenutzungsrecht wurde in Art. 28 EPGÜ geregelt.

Die einheitliche Wirkung entsteht nicht automatisch, sie muss vielmehr gesondert beantragt werden. Patentanmelder werden künftig die Wahl haben, entweder ein nationales Patent, ein Europäisches Patent mit einheitlicher Wirkung oder ein Europäisches Patent mit Wirkung in einem oder mehreren Vertragsstaaten des EPÜ anzumelden.[127]

1.   Schutz vor Patenterteilung

Aufgrund der politischen Interferenzen war eine Einigung auf einen einheitlichen Schutz der Anmeldung nicht möglich. Nach Erwägungsgrund 13 der EPV sollen Schadensersatzansprüche dem Recht der teilnehmenden Mitgliedstaaten unterliegen. Weitere Aussagen zum Schutz, mit Ausnahme des Unterlassungsanspruchs, sind der EPV nicht zu entnehmen. Auch das EPGÜ enthält keine Regelungen zum Schutz von Anmeldungen. Vielmehr gelten die allgemeinen Regeln des EPÜ, hilfsweise des nationalen Rechts des Schutzlandes, d. h. nach Art. 24 Abs. 1 lit. c EPGÜ sind die Artt. 64, 67 EPÜ anzuwenden. Die Gerichte haben sich demnach an den jeweiligen nationalen Schutzumfang von veröffentlichten Patentanmeldungen zu halten.

Unterschiedliche Sanktionen zwischen Veröffentlichung und Patenterteilung wird es damit auch beim Europäischen Patent mit einheitlicher Wirkung geben. Die EPV harmonisiert eben nicht das gesamte europäische Patentrecht. Auf einen einheitlichen Schutz der Anmeldung konnte man sich bis jetzt nicht verständigen. Damit kann (derzeit noch) vollumfänglich auf die Ausführungen zum EPÜ verwiesen werden.[128] Für die Zukunft wäre eine Rechtsvereinheitlichung jedoch sehr wünschenswert.

2.   Übersetzungserfordernis

Die Amtssprachen des neuen einheitlichen Patents sind – wie im EPÜ üblich – Deutsch, Englisch und Französisch. Weitere Übersetzungen sind nach Patent-

---

126 Hierzu *Tilmann*, GRUR 2013, 157; *Schröer*, GRUR Int 2013, 1102, Fn. 20.
127 Erwägungsgrund 26 EPV.
128 Siehe oben S. 21 ff.

erteilung nicht notwendig. Damit verzichtet die EPV – ähnlich wie das Londoner Abkommen[129] – auf zusätzliche Übersetzungserfordernisse.

Diese Erleichterung gilt aber nur für erteilte Patente. Anmeldungen, die nicht in der Sprache des Staates veröffentlicht wurden, in welchem die Benutzungshandlung begangen wurde, müssen nach dem jetzigen Stand weiterhin vor Durchsetzung der jeweiligen Ansprüche übersetzt werden.[130] Daran haben weder das Londoner Abkommen von 2000 noch die EPV etwas geändert.

Nach Erwägungsgrund 12 der ÜEPV ist dem Antrag auf einheitliche Wirkung eine vollständige Übersetzung der Patentschrift ins Englische beizufügen. Damit soll sichergestellt werden, dass während eines Übergangszeitraums alle Europäischen Patente mit einheitlicher Wirkung in der für die internationale Forschung und Veröffentlichung gängigen Sprache vorliegen. Langfristiges Ziel ist es, Patentanmeldungen maschinell in jede Amtssprache zu übersetzen, um die Verbreitung des technologischen Wissens zu fördern. Diese maschinellen Übersetzungen werden derzeit vom EPA entwickelt, sollen nach Erwägungsgrund 11 aber nur Informationszwecken dienen, ohne rechtliche Bindungswirkung zu entfalten.

III.　Durchsetzung

Bei der Durchsetzung der Rechte wird sich einiges zum Positiven ändern. Verantwortlich hierfür ist das EPGÜ,[131] wodurch insbesondere eine einheitliche Rechtsprechung im Patentwesen und eine deutliche Kosteneinsparung für kleine und mittlere Unternehmen erreicht werden sollen. Diese Vereinheitlichung wird sich deutlich von der für die Gemeinschaftsmarke, das Gemeinschaftsgeschmacksmuster und den gemeinschaftlichen Sortenschutz gewählten nationalen Lösung von Gemeinschaftsgerichten unterscheiden.[132]

Nach dem Patentgerichtsübereinkommen werden eine Zentralkammer[133] sowie mehrere nationale Lokalkammern[134] bzw. regionale Kammern als erste Instanz gegründet. Die zweite Instanz – das Berufungsgericht – hat seinen Sitz in Luxemburg. Zusätzlich wird eine Kanzlei am Berufungsgericht eingerichtet.

---

129 Siehe oben S. 24.
130 Das EPA soll nach Erwägungsgrund 10 ÜEPV aber erweiterte Kostenerstattungen für Übersetzungen in die Amtssprache des EPA gewähren, soweit die Anmeldung in einer anderen Amtssprache der Union eingereicht wurde.
131 Dokument 16351/12 vom 11.01.2013, unter http://www.epo.org/law-practice/unitary/patent-court_de.html.
132 Hierzu *Tilmann*, ZEuP 2004, 672, 675; *Pagenberg*, GRUR 2009, 314, 317.
133 Mit Sitz in Paris sowie zwei Abteilungen in London und München, Art. 7 Abs. 2 EPGÜ.
134 Maximal 4 Lokalkammern pro Mitgliedstaat, Art. 7 Abs. 4 EPGÜ.

Das Gericht wendet vordergründig das Unionsrecht, einschließlich der EPV und ÜEPV, sowie das EPGÜ und das EPÜ an.

Nach Art. 32 Abs. 1 lit. f. EPGÜ hat das neue Gericht die ausschließliche Zuständigkeit für »Klagen auf Schadensersatz oder auf Entschädigung aufgrund des vorläufigen Schutzes, den eine veröffentlichte Anmeldung eines europäischen Patents gewährt«.

Mit »europäischem Patent« sind hier ausschließlich europäische Patente nach EPÜ, nicht aber europäische Patente mit einheitlicher Wirkung nach der EPV gemeint, Art. 2 lit. e) und f). Diese Unterscheidung überrascht, wo doch lit. a) bis e) ausschließlich von Patenten, also EPÜ-Bündel- und Einheitspatenten, spricht. Wieso der Gesetzgeber diese Unterscheidung in Bezug zu lit a), also der Patentverletzung, gewählt hat, ist nicht klar,[135] denn in lit. g soll das EPG weiter ausschließlich für »Klagen im Zusammenhang mit der Benutzung einer Erfindung vor der Erteilung eines Patents oder mit einem Vorbenutzungsrecht« sein. Hier wird wieder von Patenten, also EPÜ und EPV- Patenten, gesprochen. Eine Unterscheidung zwischen Entschädigungsansprüchen aufgrund des vorläufigen Schutzes (lit. f) und Klagen im Zusammenhang mit der Benutzung vor Patenterteilung (lit. g) ist unverständlich.

Im Ergebnis können daher alle Ansprüche vor Patenterteilung vor den jeweiligen Lokalkammern in dem Vertragsmitgliedstaat, in dessen Gebiet die Verletzung tatsächlich erfolgt ist oder droht, bzw. bei der Regionalkammer, an der dieser Vertragsmitgliedstaat beteiligt ist, geltend gemacht werden.

Eine Klage ist auch vor der Lokalkammer in dem Vertragsmitgliedstaat möglich, »in dessen Gebiet der Beklagte oder gegebenenfalls einer der Beklagten seinen Wohnsitz oder den Sitz seiner Hauptniederlassung oder – in Ermangelung derselben – seinen Geschäftssitz hat, oder bei der Regionalkammer, an der dieser Vertragsmitgliedstaat beteiligt ist«.[136]

Die Entscheidungen und Anordnungen des Patentgerichts sind nach Art. 82 EPGÜ in allen Vertragsmitgliedstaaten vollstreckbar. Das Vollstreckungsverfahren unterliegt aber weiterhin dem Recht der jeweiligen Staaten.

Nach den Übergangsregelungen können bis zu sieben Jahre nach Inkrafttreten des Patentgerichtsübereinkommens die Klagen wegen Verletzung bzw. auf Nichtigerklärung eines *europäischen Patents* weiterhin auch beim nationalen Gericht erhoben werden, Art. 83 Abs. 1 EPGÜ.[137] Damit ist klar, dass diese Übergangsregelung nur für die europäischen Patente, nicht aber für die neuen europäischen Patente mit einheitlicher Wirkung, gilt. Hier ist vielmehr das EPG ausschließlich zuständig.

---

135 So auch *Schröer*, GRUR Int 2013, 1102, 1105.
136 Art. 33 Abs. 1 lit. b EPGÜ.
137 Zum Forum-Shopping: *Schröer*, GRUR Int 2013, 1102.

Blickt man nun auf den Wortlaut des Art. 83 Abs. 1 EPGÜ und des Art. 32 Abs. 1 lit. f) EPGÜ, so stellt man schnell fest, dass die Klagen aufgrund des vorläufigen Schutzes nach Art. 32 Abs. 1 lit. f) EPGÜ nicht von der Übergangsregelung umfasst sind, d.h. diese Klagen ab Beginn des neuen Systems immer am neuen EPG zu erheben sind.

Eine solche strenge Wortlautauslegung macht aber prozessökonomisch nur wenig Sinn. Auch sind keine Gründe ersichtlich, wieso bei Verletzungsklagen entweder die nationalen Gerichte oder das EPG gewählt werden kann, bei Ansprüchen aufgrund des vorläufigen Schutzes jedoch nur das EPG.[138] Vielmehr sollten sämtliche Klagen, die das »alte« europäische Patent betreffen, von der Übergangsregelung umfasst sein.

IV.   Ergebnis

Die EPV ist nicht die Revolution, die nach über 40 Jahren hätte erwartet werden können. Auch die einheitliche Wirkung ist nicht wirklich einheitlich. Derzeit wäre die einheitliche Wirkung auf 25 der 28 EU-Staaten[139] beschränkt. Auch auf den Schutz von Anmeldungen konnte man sich nicht verständigen.

Positiv ist hingegen das Patentgerichtsübereinkommen. Dieses System ist nicht nur für das neue Europäische Patent mit einheitlicher Wirkung vorgesehen, vielmehr können auch Verfahren bzgl. eines »normalen« europäischen Bündelpatents am neuen Patentgericht geltend gemacht werden. Zu erwarten ist eine einheitliche Rechtsprechung, vor allem wegen der zentralen Berufungsinstanz.

Weil das neue einheitliche Patentgericht ein gemeinsames Gericht der EU-Staaten ist, sind Fragen zur Auslegung unionsrechtlicher Regelungen dem Gerichtshof vorzulegen.

Damit wurde ein anderer Weg als bei der Gemeinschaftsmarke und dem Gemeinschaftsgeschmacksmuster und -Sortenschutz eingeschlagen, deren gerichtliche Durchsetzung weiterhin den nationalen Gerichten obliegt.

---

138 Im Ergebnis auch *Schröer*, GRUR Int 2013, 1102, 1105.
139 Kroatien ist seit dem 01.07.2013 EU-Mitglied, bis jetzt aber nicht dem Übereinkommen der verstärkten Zusammenarbeit im Bereich der Schaffung eines einheitlichen Patentschutzes beigetreten. Auch das EPGÜ hat Kroatien bis jetzt nicht unterzeichnet.

D. Deutsches Patent

Das deutsche Patent erfreut sich trotz starker europäischer Konkurrenz großer Beliebtheit. Die Zahl der deutschen Patentanmeldungen stieg im Jahre 2012 gegenüber dem Vorjahr um 2,9 % auf 61 311.[140] Hierbei sind auch internationale Patentanmeldungen nach PCT mit Schutzgesuch für Deutschland umfasst, die in die nationale Phase eintreten.

Die hohe Anzahl von Patentanmeldungen hat eine fast ebenso hohe Anzahl von Veröffentlichungen der Anmeldungen zur Folge, mit denen die technische Lehre der Öffentlichkeit zur Nachahmung preisgegeben wird.

Der Schutz von veröffentlichten Patentanmeldungen wird international nicht einheitlich gehandhabt. Deutschland hat bei den Sanktionen wegen der Benutzung veröffentlichter Patentanmeldungen im vergangenen Jahrhundert eine ganz entscheidende Wendung vollzogen. Mit dem PatG von 1936[141] traten die gesetzlichen Wirkungen einstweilen mit der Bekanntmachung der Patentanmeldung ein. § 30 Abs. 1 S. 2 PatG a. F. lautete:

»Genügt die Anmeldung den vorgeschriebenen Anforderungen (§ 26) und erachtet das Reichspatentamt die Erteilung eines Patents nicht für ausgeschlossen, so beschließt es die Bekanntmachung der Anmeldung. Mit der Bekanntmachung treten für den Gegenstand der Anmeldung zugunsten des Patentsuchers einstweilen die gesetzlichen Wirkungen des Patents ein (§§ 6, 7 und 8).«

Damit konnten Schadensersatz- und Unterlassungsansprüche schon vor Patenterteilung gegenüber Dritten geltend gemacht werden.[142] Dieses System hatte aber einen ganz entscheidenden Nachteil. Gerade in der Nachkriegszeit kam es zu einer steigenden Zahl von Patentanmeldungen, die im Verfahrensgang der Öffentlichkeit bekanntgemacht wurden. Diese Bekanntmachungen betrafen ausschließlich ungeprüfte Anmeldungen, von denen nur ein Bruchteil tatsächlich patentfähig war. Dennoch erhielten diese Anmeldungen einstweilen Vollschutz.

Damit war eine Vielzahl ungeprüfter Schutzrechte im Umlauf, welche die gewerblichen Tätigkeiten in Deutschland ganz erheblich behinderten, indem Dritten die Nutzung des Anmeldegegenstandes verboten werden konnte.[143]

Der Gesetzgeber sah sich daher gezwungen, das System des einstweiligen Vollschutzes abzuschaffen. Mit dem Patentänderungsgesetz von 1967[144] wurden zwei wesentliche Aspekte des Verfahrens geändert. Zum einen wurde die sog.

---

140 Statistik des DPMA unter www.dpma.de.
141 RGBl. 1936 II 117.
142 *Tetzner* PatG, § 30 Rn. 7.
143 *Singer*, FS Schilling, 355, 356 m.w.N.
144 »Vorabgesetz« vom 4. 9. 1967 (BGBl. I 953), mit Wirkung zum 01. 10. 1968.

aufgeschobene Prüfung eingeführt, wonach das Patentamt mit der materiellen Prüfung erst auf gesonderten Antrag hin beginnt. Durch diese Änderung sollte der enorme Bearbeitungsrückstau reduziert und der Anteil schwebender Verfahren auf ein erträgliches Maß zurückgeführt werden.[145] Diese Veränderung diente somit vornehmlich der Entlastung des Amtes, zumal damals ohnehin nur 40 % der Anmeldungen zur Patenterteilung führten.[146]

Die zweite, deutlich weiter reichende Veränderung betraf die Veröffentlichung der Patentanmeldung erst nach 18 Monaten (Offenlegung), die mit Blick auf die Investitions- und Forschungsplanung der Wirtschaft als sehr dringlich empfunden wurde. Insbesondere hat man sich an einer vom US-Präsidenten eingesetzten Kommission orientiert, wonach die frühzeitige Veröffentlichung unnötige Doppelarbeit verhindere und damit den technologischen Fortschritt fördere. Auch seien mögliche Haftungsrisiken frühzeitig erkennbar.[147]

Problematisch war aber, wie die bekanntgemachten Anmeldungen zu schützen seien, schließlich könne immer noch jedermann ab diesem Zeitpunkt an der technischen Lehre partizipieren.

Der erste Referentenentwurf[148] hatte erneut einen Vollschutz vorgesehen. Nach Ansicht des Rechtsauschusses konnte ein einstweiliger Vollschutz für völlig ungeprüfte Anmeldungen aber nicht mehr in Frage kommen. Patentanmeldern sollte es insbesondere nicht mehr möglich sein, Dritten die Benutzung der Erfindung vor Patenterteilung zu verbieten. Auf der andern Seite sollten Dritte die offengelegten Anmeldungen nicht ohne weiteres unentgeltlich nutzen dürfen. Vielmehr sollten die Anmelder einen angemessenen Ausgleich für die Benutzung ihrer Anmeldungen erhalten. Man einigte sich schließlich auf einen Anspruch auf angemessene Entschädigung, § 24 Abs. 5 PatG von 1968,[149] die auf bestimmte Weise zu berechnen sei.[150]

Trotz vieler international notwendiger Anpassungen[151] des PatG besteht bis heute das System der aufgeschobenen Prüfung (§ 44 Abs. 1 PatG) und der Veröffentlichung der Anmeldung nach 18 Monaten[152] (§ 31 Abs. 2 Nr. 2 PatG) fort. Der Entschädigungsanspruch ist seit 1980 in § 33 PatG normiert.

---

145 250 000 nicht erledigte Anträge im Jahre 1965, Begr. zum RegE BlPMZ 1967, 244.
146 Bericht des Rechtsausschusses, BlPMZ 1967, 244, 279 f.
147 BlPMZ 1967, 244, 279 re.Sp. Ebenso nach heutiger Überzeugung, vgl. *Rogge* in *Benkard*, Einl. PatG, Rn. 21; *Traub*, FS 25 Jahre BPatG, 267, 268 m.w.N.
148 Zur historischen Entstehung *Ohl*, GRUR 1976, 557, 562 ff.
149 BlPMZ 1976, 244, 281; *Singer*, FS Schilling, 355, 356 f.
150 Siehe unten S. 54 f.
151 *Rogge* in *Benkard*, Einl. PatG, Rn. 22 m.w.N.
152 Der Anmelder kann sich nach § 31 Abs. 2 Nr. 1 PatG auch mit einer vorzeitigen Veröffentlichung einverstanden erklären. Deren Rechtswirkungen treten dann direkt mit der vorzeitigen Veröffentlichung ein.

I.   § 33 PatG – Anspruch auf Entschädigung

Das deutsche Patentgesetz gewährt dem Patentanmelder einen international durchaus üblichen[153] Anspruch auf angemessene Entschädigung, § 33 Abs. 1 PatG.

1.   Zeitpunkt der Entstehung

Der Entschädigungsanspruch besteht im Zeitraum ab Veröffentlichung des Hinweises auf die Möglichkeit der Akteneinsicht (§ 32 Abs. 5 PatG) bis zur Veröffentlichung der Erteilung des Patents im Patentblatt.

Mit dem Zeitpunkt einer möglichen Akteneinsicht beginnt auch die Offenlegung. Im »DPMAregister« erscheint online ein Hinweis auf die Publikation der Offenlegungsschrift. Diese kann ab dem ersten Publikationstag in der Datenbank online eingesehen werden.

Wenn die Veröffentlichung des Hinweises versehentlich früher erfolgt als die Offenlegung der Patentanmeldung, ist entgegen *Schäfers*[154] nicht etwa auf die Veröffentlichung des Hinweises abzustellen, sondern auf die tatsächliche Offenlegung der Anmeldung.[155] Der Benutzer der angemeldeten technischen Lehre kann allein aus dem Hinweis noch keinerlei Schlüsse ziehen. Im Patentblatt stehen nur Aktenzeichen, Klassifizierung und Anmelder. Aus dem Titel, z. B. *Fremdstartvorrichtung für ein Kraftfahrzeug*, angemeldet von der BMW AG unter AZ: 102011003565.6, kann kein Entschädigungsanspruch hergeleitet werden, wenn die Offenlegungsschrift nicht zugänglich ist. Denn erst ab diesem Zeitpunkt können Dritte tatsächlich die Erfindung einsehen und damit an der fremden technischen Lehre partizipieren. Sinn der Offenlegungsschrift ist es gerade, Dritten Zugang zu genau der angemeldeten Lösung eines technischen Problems zu verschaffen und nicht etwa Dritte über die Benennung der Erfindung mit Aktenzeichen zu informieren.

2.   Anmeldegegenstand

Der Anmeldegegenstand und der daraus abgeleitete Umfang der geschützten Anmeldung bereiten in der Praxis regelmäßig Probleme.[156] Die in der Offenle-

---

153 Siehe Tabellen 1 und 2 im Anhang.
154 *Schäfers* in *Benkard*, § 3 Rn. 3 – i.E. mit gleicher Lösung, da bis zur Offenlegungsschrift kein Verschulden begründet werden kann. Effektiv entsteht der Anspruch nach *Schäfers* somit auch erst ab Offenlegung.
155 So auch *Kühnen* in *Schulte*, § 33 Rn. 5, ebenfalls mit Hinweis auf mangelnde Kenntnis.
156 Verbunden mit dem Problem des »Durchschnittsfachmanns«, für den die Anmeldung verständlich sein muss.

gungsschrift formulierten Ansprüche liegen im Zeitpunkt der Patentanmeldung häufig noch im Nebel. Erst in der weiteren Prüfung der Anmeldung werden aus den Formulierungsversuchen konkrete Anspruchsfassungen. Bei dieser Konkretisierung darf die Anmeldung aber nicht erweitert werden. Nur wenn der geänderte Gegenstand in der ursprünglichen Anmeldung erkennbar war, der Anmeldung also innewohnte, liegt eine zulässige Änderung vor.[157]

Nach Ansicht des BGH[158] ist es sogar möglich, gänzlich neue Ansprüche in die Anmeldung mit aufzunehmen, soweit die darauf bezogene und dem Fachmann offenbarte Verfahrensweise in den ursprünglichen Anmeldeunterlagen in ihrer Gesamtheit enthalten war. Ein verbindlicher Patentanspruch existiert immer erst ab Patenterteilung.[159]

Auf die Bezeichnung der Ansprüche in der Offenlegungsschrift darf man sich also noch nicht verlassen. Es ist vielmehr von einem weiten Umfang der Anspruchsfassung auszugehen, da § 33 PatG andernfalls zu sehr beschnitten würde, soweit sich der Anmelder der Tragweite seiner Erfindung erst später bewusst geworden ist und deshalb nicht alles in die Ansprüche mit aufgenommen hat.

Damit ist durch § 33 PatG das geschützt, was (1) erfindungswesentlich[160] ist, (2) durch die Ansprüche abgedeckt ist und (3) sich aus den Anmeldeunterlagen (Zeichnungen, Beschreibungen) entnehmen lässt.[161]

3.   Verschulden

Nach § 33 Abs. 1 PatG haftet der Dritte bei Vorsatz oder Fahrlässigkeit, d.h. wenn er Kenntnis von der Benutzung eines Anmeldegegenstandes hatte oder die den Umständen nach erforderliche Sorgfalt, die zur Kenntnis geführt hätte, außer Acht gelassen hat.[162]

Bei den heutigen technischen Möglichkeiten sind an den Verschuldensmaßstab keine besonders strengen Anforderungen zu stellen. Die Anmeldungen sind unkompliziert im Internet abrufbar. Das DPMA veröffentlicht die Patentanmeldungen zwar nicht mit den *search opinion*, wie es das EPA tut.[163] Trotzdem ist für einen Dritten allein durch die Offenlegungsschrift erkennbar, welche

---

157 Hierzu *Ehlers*, FS Schilling, 87, 89.
158 BGH GRUR 1988, 197 f. – Runderneuern.
159 BGHZ 159, 221, 230 – Drehzahlermittlung.
160 *Feuerlein* in *Fitzner/Lutz/Bodewig*, § 33 Rn. 5.
161 Hierzu vertiefend *Singer*, FS Schilling, 355, 359 f.
162 *Feuerlein* in *Fitzner/Lutz/Bodewig*, § 33 Rn. 6; *Mes*, § 33 Rn. 6; *Kühnen* in *Schulte*, § 33 Rn. 8.
163 Siehe oben S. 25 ff.

technische Lehre angemeldet wurde und welche Ansprüche – wenn auch noch nicht unbedingt in der endgültigen Fassung – geltend gemacht werden.

Es ist allerdings nicht selten, dass die Ansprüche im Laufe des Verfahrens geändert werden. Daher darf sich der Benutzer in dieser Phase nicht auf die in der Offenlegungsschrift formulierten Ansprüche verlassen. Dies begründet den Vorwurf der Fahrlässigkeit, wenn sich die später unter Schutz gestellte Merkmalskombination ohne weiteres aus der Gestaltung entnehmen ließ.[164]

Wenn der Benutzer die Schutzrechtslage nicht überwacht, muss grobe Fahrlässigkeit angenommen werden.[165]

Dem Benutzer muss jedoch die Zeit bleiben, die Ansprüche selbst zu prüfen oder prüfen zu lassen. Daher kann ihm (wie bei der Entstehung des Patentschutzes) erst vier Wochen nach Offenlegung ein Verschuldensvorwurf gemacht werden. In dieser Zeit kann er das Erfindungswesentliche der Anmeldung herausarbeiten und beurteilen.

Anderes gilt jedoch, wenn zu diesem Zeitpunkt bereits ein identisches Gebrauchsmuster bestand.[166] In diesem Fall steht einer Benutzung der Gebrauchsmusterschutz entgegen und führt damit unweigerlich zur Verschuldenshaftung des § 24 GebrMG.

4.   Offensichtliche Schutzunfähigkeit, § 33 Abs. 2 PatG

Mit Blick auf die Regelungen des EPÜ bezüglich europäischer Patente sowie Euro-PCT-Anmeldungen besteht ein auffälliger Unterschied: Nach § 33 Abs. 2 PatG besteht der Entschädigungsanspruch nicht, wenn der Gegenstand der Anmeldung offensichtlich nicht patentfähig ist.

Diese Norm will Patentanmeldungen aus dem einstweilen Schutz ausnehmen, die eines besonderen vorwirkenden Schutzes nicht bedürfen. Bei offensichtlich nicht schutzwürdigen Anmeldungen entfällt der einstweilige Schutz damit nicht rückwirkend, sondern er entsteht nach Abs. 2 gar nicht erst.

Für die Offensichtlichkeit kommt es immer auf den konkreten Einzelfall an. Der bloße Glaube, die Anmeldung werde zurückgewiesen, reicht nicht aus. Wenn aber klar ist, dass exakt diese technische Lehre bereits als Patent angemeldet oder sogar schon erteilt wurde, wird man die Offensichtlichkeit aufgrund fehlender Neuheit annehmen können.[167] Gleiches muss gelten, wenn ein etwaiges parallel angemeldetes europäisches Patent schon nicht erteilt wurde oder wenn

---

164 BGHZ 68, 242 = GRUR 1977, 598, 601 a.E. – Autoscooter.
165 BGH GRUR 1977, 598 – Autoscooter.
166 BGH GRUR 1975, 315 – Metacolor; *Feuerlein* in *Fitzner/Lutz/Bodewig*, § 33 Rn. 6; OLG München InstGE 6, 57 – Kassieranlage.
167 Vgl. *Löscher*, BB 1967, Beilage 7 zu Heft 26, Fn. 42.

die nach EPÜ veröffentlichte *search opinion* oder eine beim DPMA beantragte Vorabrecherche zu einem negativen Ergebnis geführt hat.

Die Einschränkung in Abs. 2 für offensichtlich nicht patentfähige Anmeldungen kann im Schutzbereich europäischer Anmeldungen nach EPÜ nicht greifen, da der von den Vertragsstaaten zu gewährende Minimalschutz nach § 67 Abs. 2 S. 3 EPÜ sonst unterschritten würde, Art. II § 1 Abs. 1 IntPatÜG.

Sowohl der EPÜ-Anmelder mit Bestimmung »DE« als auch der Euro-PCT-Anmelder werden durch völkerrechtliche Vorgaben somit besser einstweilen geschützt als der nationale Anmelder und der einfache PCT-Anmelder mit Bestimmung für Deutschland.[168]

5. Mittelbare Benutzungshandlungen

Häufig ist es für den Patentinhaber bzw. -anmelder deutlich günstiger, nicht gegen viele kleine Patentverletzer vorzugehen, sondern direkt an der Quelle, beim Hersteller patentverletzender Teile, anzusetzen. So eindeutig die mittelbare Verletzung erteilter Patenten ist (§§ 139 Abs. 2, 10 PatG), so zweifelhaft ist sie bei der Benutzung offengelegter Anmeldungen, §§ 10, 33 Abs. 1 PatG.[169]

a) Rechtsprechung

Das OLG Düsseldorf[170] ging bisher davon aus, dass mittelbare Benutzungshandlungen entschädigungspflichtig sind. Dieser Auffassung hat der BGH im Jahre 2004 eine deutliche Absage erteilt.[171] Danach kann der Patentanmelder keine Entschädigung verlangen, da der Dritte die technische Lehre nicht im Sinne des § 10 PatG benutze, sondern allein eine fremde Benutzung fördere.[172] Die mittelbare Benutzung, also das Anbieten und Liefern von Mitteln, stelle demnach keine Benutzung, sondern ausschließlich eine Teilhabe an der technischen Lehre dar. Allein der Belieferte werde so in den Stand der Technik versetzt und benutze die offengelegte technische Lehre.

Der BGH geht insoweit also von einem Gefährdungstatbestand[173] und nicht mehr von einer Teilnahmehandlung[174] aus.

---

168 Art. II § 1 Abs. 3 und Art. III § 8 Abs. 1 IntPatÜG, s. oben S. 32 und 38.
169 BGH GRUR 2004, 845 – Drehzahlermittlung; *Meier-Beck*, GRUR 1993, 1, 4 ff.; *Schäfers* in *Benkard*, § 33 Rn. 4 f., zumindest bzgl. deutscher Patentanmeldungen; a. A. *Holzapfel*, GRUR 2006, 881; LG Mannheim, Urteil vom 16. 01. 2004 – 7 O 403/03.
170 OLG Düsseldorf, Urteil vom 10. 05. 2001 – 2 U 183/99; Urteil vom 20. 6. 2002 – 2 U 81/99 = GRUR-RR 2002, 369 – Haubenstretchautomat; Urteile vom 10. 10. 2002 – 2 U 65/01 und vom 10. 04. 2003 – 2 U 6/02 – Antriebsscheibenaufzug I und II.
171 BGH GRUR 2004, 845 – Drehzahlermittlung.
172 BGH GRUR 2004, 845 Tz. 46.
173 BGH GRUR 2004, 758, 760 – Flügelradzähler; GRUR 2004, 845 – Drehzahlermittlung;
· BGHZ 115, 205, 208 = GRUR 1992, 40, 42 – Beheizbarer Atemluftschlauch.

b)   Literatur

Die Frage der mittelbaren Benutzung von veröffentlichten Patentanmeldungen wird in der Literatur kontrovers diskutiert. So wird nach dem Auslegungskanon versucht, das eine oder andere Ergebnis zu begründen – mit mäßigem Erfolg.

In § 10 PatG heißt es, »anderen […] zur Benutzung der Erfindung […] anzubieten«. Damit ist klar, dass der »Andere« der Benutzer der Erfindung ist. Sicherlich gibt es mit *Holzapfel* gesetzgebungstechnische Möglichkeiten, das Wort »Benutzung« nicht doppelt zu verwenden und dennoch beide (den Dritten und den mittelbaren Benutzer) zu meinen.[175] Das heißt aber nicht, dass es bei § 10 PatG auch so sein muss.

Zweifelhaft ist auch, ob sich der Gesetzgeber bei der Überschrift des Art. 26 GPÜ 1989 »mittelbare Benutzung« so viele Gedanken darüber gemacht hat, wer eigentlich die Erfindung tatsächlich benutzt. Nicht selten sind gesetzgeberische Überschriften nicht ganz eindeutig.

c)   Eigener Ansatz

Die Auslegung der Normen des PatG kann hier nicht zum Ziel führen, denn § 33 ist ein Fremdkörper im PatG. Die Verletzungsnormen der §§ 139 ff. sind nicht auf die Formulierung des § 33 PatG abgestimmt. Der Begriff der »Benutzung« in § 33 PatG könnte auch als »nutznießen« verstanden werden.[176] Letztlich ist § 33 PatG eine bloße Billigkeitsnorm.

Der deutsche Gesetzgeber hätte – wie der internationale Vergleich zeigt – weit schwerere Geschütze gegen die Benutzung offengelegter Patentanmeldungen auffahren können. Letztlich ist es eine reine Wertungsfrage, deren dogmatische Untermauerung fast unmöglich ist.[177]

M.E. hätte der BGH den Fall *Drehzahlermittlung* aus einem simplen Grund anders entscheiden müssen. Der Fall betraf eine veröffentlichte europäische Patentanmeldung.

Das EPÜ als völkerrechtlicher Vertrag setzt nach Art. 67 Abs. 2 S. 3 EPÜ einen Mindestschutz voraus.[178] Danach hat jeder Vertragsstaat mindestens vorzusehen, dass der Anmelder für die Zeit von der Veröffentlichung der europäischen Patentanmeldung an von demjenigen, der die Erfindung in diesem Vertragsstaat unter Voraussetzungen benutzt hat, die nach dem nationalen Recht bei der Verletzung eines nationalen Patents sein Verschulden begründen würden, eine den Umständen nach angemessene Entschädigung verlangen kann.

Auf den ersten Blick scheint die Norm mit der Entscheidung des BGH im

---

174 So noch BGHZ 82, 254, 257 = GRUR 1982, 165 – Rigg.
175 *Holzapfel*, GRUR 2006, 881, 884.
176 *Krieger*, GRUR 2001, 965, 966.
177 *Rauh*, S. 876.
178 Siehe oben S. 21 ff.

Einklang zu stehen. Schaut man sich nun aber, wie oben dargestellt, die englische oder französische Sprachfassung an (»liable« und »responsabilité«), mag der Eindruck schnell verfliegen, denn »verantwortlich« ist der mittelbare – spätere – Patentverletzer[179] schon. Ohne ihn könnte die erfinderische Lehre nicht genutzt werden.

Es ist auch fraglich, ob Art. 67 Abs. 1 EPÜ, der grundsätzlich Vollschutz anordnet, überhaupt erlaubt, bei der Regelung des Minimalschutzes zwischen mittelbaren und unmittelbaren Nutzern zu unterscheiden.

Bei europäischen Anmeldungen, über die der BGH zu entscheiden hatte, wäre es durchaus ratsam gewesen, zur Vermeidung völkervertraglicher Pflichtverletzungen sämtliche patentverletzenden Handlungen unter Schutz zu stellen. Denn das EPÜ gewährt statt Vollschutz nur eine Abmilderung der Rechtsfolge, in Deutschland von vollem Schadensersatz auf eine angemessene Entschädigung. Die mittelbare Benutzungshandlung wäre aber vom Vollrecht, auf das Art. 64 EPÜ eigentlich verweist, klar umfasst (§ 10 PatG). Nur weil die Rechtsfolge abgemildert wird, darf dies nicht zu einer Einengung des ausgleichspflichtigen Handlungsumfangs führen. Daher müssen nach EPÜ auch mittelbare Handlungen vom Schutz umfasst sein.[180]

Europäische Anmeldungen (sowie Euro-PCT-Anmeldungen) werden im Übrigen auch bzgl. offensichtlich nicht patentfähiger Anmeldungen (§ 33 Abs. 2 PatG) bevorzugt.[181]

Die Entscheidung des BGH kann damit nicht überzeugen. Mittelbare Benutzungshandlungen sind von Artt. 67, 64 EPÜ umfasst und daher auch im gesamten Geltungsbereich des EPÜ zu sanktionieren. Die nationalen Normen müssen demzufolge völkerrechtskonform ausgelegt werden.

Fraglich ist nur, ob dieses Ergebnis auch für nationale und damit nach Art. III § 8 IntPatÜG auch für PCT-Veröffentlichungen übernommen werden sollte. Über diese Frage hatte der BGH im Fall Drehzahlermittlung allerdings nicht zu entscheiden.

Im Ergebnis wird man die Entschädigungspflicht auch auf mittelbare Benutzungshandlungen solcher Anmeldungen erstrecken müssen. Schon aus Wertungsgesichtspunkten sollte eine europäische Anmeldung nicht stärker geschützt werden als eine nationale Anmeldung. Immerhin verweist das EPÜ auf die nationalen Regelungen. Es besteht die Gefahr, dass das ohnehin in Bedrängnis geratene nationale Patent über kurz oder lang noch weiter ins Hintertreffen geraten könnte. Auch sollte es keinen Unterschied machen, ob der PCT-Patentanmelder direkt DE als Bestimmung ausgewählt hat und damit § 33

---

179 Mittelbare Benutzungshandlungen stellen nach § 10 PatG eine Patentverletzung dar.
180 Im Ergebnis auch *Schäfers* in *Benkard*, § 33, Rn. 4a; *Nieder*, Mitt. 2009, 540 ff.
181 Siehe oben S. 24 f. und 37 f.

PatG anwendbar ist, oder ob er den »Umweg« über eine Euro-PCT-Anmeldung wählt, für die Art. 67 EPÜ gilt und bei der, nach der hier vertreten Ansicht, mittelbare Benutzungshandlungen umfasst sind.

Mittelbare Benutzungen der Patentanmeldungen, egal ob nationale oder internationale, sind daher ab Offenlegung bis zur Veröffentlichung der Patenterteilung durch Entschädigungsansprüche auszugleichen.[182] Diese Auffassung entspricht auch dem BVerfG, wonach die wirtschaftliche Auswertung demjenigen zusteht, der die Erfindung hervorgebracht hat.[183] Auch mittelbare Nutzungen des Anmeldegegenstandes stehen damit dem Anmelder zu, nicht aber einem Dritten.

Ferner hat es der Benutzer/ Lieferant in der Hand, ob er die technische Lehre vorab nutzt oder nicht. Wenn er das tut und die angemeldete und offengelegte Erfindung später tatsächlich zum Patent führt, muss er mit der vorher erkennbaren Konsequenz einer Entschädigungspflicht rechnen. Nach Patenterteilung ist die mittelbare Benutzung ohnehin ausgleichspflichtig. Es besteht also weder ein Grund noch ein Bedürfnis, einem Lieferanten solche Handlungen vorher zu gestatten.

6.   Anspruchsinhalt – Berechnung der Entschädigung

Auch der Inhalt des Entschädigungsanspruchs ist teilweise umstritten. Klar ist, dass der Dritte keinen vollen Schadensersatz leisten muss.[184] Mangels eines Ausschließlichkeitsrechts und wegen der Rechtmäßigkeit der Benutzungshandlung scheidet auch eine Herausgabe des Verletzergewinns aus.[185]

Den einzig brauchbaren Anhaltspunkt stellt die sog. Lizenzanalogie dar.[186] Bei ihr wird der Betrag zugrunde gelegt, den vernünftige Dritte in der konkreten Situation als Lizenz vereinbart hätten. Problematisch hierbei ist die konkrete Ermittlung. Der Dritte wird den Wert der offengelegten technischen Lehre möglichst niedrig ansetzen. Der Anmelder selbst hält seine Erfindung gar für revolutionär. Der Anmelder ist daher auf Hilfsansprüche in Form von Auskunftsansprüchen angewiesen, um den wirtschaftlichen Wert seiner Erfindung möglichst gerecht zu ermitteln. Dies stellt jedoch keine Ermächtigung für die Einsicht in die Kosten- und Gewinnrechnung des Dritten dar.[187]

---

182 So auch *Holzapfel*, GRUR 2006, 881, 885; *Schäfers* in *Benkard*, § 33, Rn. 4a; a. A. BGH, GRUR 2004, 845 – Drehzahlermittlung; *Feuerlein* in *Fitzner/Lutz/Bodewig*, § 33 Rn. 4.

183 BVerfGE 36, 281, 290.

184 BGHZ 107, 161– Offenend-Spinnmaschine; *Kühnen* in *Schulte*, § 33 Rn. 16; *Schäfers* in *Benkard*, Rn. 12; *Mes*, Rn. 8.

185 BGHZ 107, 161, 168 – Offenend-Spinnmaschine.

186 *Feuerlein* in *Fitzner/Lutz/Bodewig*, § 33 Rn. 12.

187 BGHZ 107, 161– Offenend-Spinnmaschine.

Nach Ansicht des BT-Rechtsausschusses von 1967[188] soll die Höhe der Entschädigung von festen Kriterien abhängen. So sollen z. B. die Kenntnis der Offenlegung eine höhere, unklare Formulierungen der Ansprüche in der Offenlegungsschrift eine niedrigere Entschädigung zur Folge haben. Diese Kriterien überzeugen allerdings nicht.

Ob der Dritte positive Kenntnis oder fahrlässige Unkenntnis von der Offenlegung der Patentanmeldung hat, kann sich nicht in der Höhe der Entschädigung niederschlagen. Geleistet werden soll eine angemessene Entschädigung. Die angemessene Höhe der Lizenzzahlung orientiert sich am Wert der Erfindung. Verschuldensformen können den Wert der Erfindung nicht anheben oder senken. Auch gibt es keinen Grund, dem Anmelder mehr zu gewähren, nur weil der Dritte vorsätzlich gehandelt hat. Schließlich soll der Dritte nicht bestraft werden (denn er hat noch nicht einmal rechtswidrig gehandelt), sondern der Anmelder soll einen angemessenen Ausgleich für seine Leistung erhalten. Die Entschädigung hat gerade keinen Strafcharakter, sondern nur eine Ausgleichsfunktion zugunsten des Anmelders.

Ob ein Abschlag gemacht werden kann, wenn die Ansprüche nicht klar beschrieben wurden, hängt vom Einzelfall ab. Grundsätzlich ist das Erfindungswesentliche immer mit umfasst, unabhängig davon, ob es in die angemeldeten Ansprüche mit aufgenommen wurde oder nicht.[189] Auch wenn das die Erfindung bestimmende Element nicht eindeutig in Ansprüche gefasst wurde, ändert dies nichts am Verschulden[190] und kann auch nicht zu einem Abschlag führen.

II.   Ansprüche nach Verjährung, § 33 Abs. 3 PatG

1.   Restentschädigungsanspruch

Das Schuldrechtsmodernisierungsgesetz hat mit Wirkung zum 01.01.2002 § 33 Abs. 3 PatG neu gefasst, um eine Kettenverweisung auf § 141 PatG zu vermeiden. § 33 Abs. 3 PatG verweist nun eigenständig auf § 852 BGB.

Der Entschädigungsanspruch nach § 33 Abs. 1 PatG unterliegt der regelmäßigen Verjährung von drei Jahren und verjährt frühestens ein Jahr nach Erteilung des Patents, § 33 Abs. 3 S. 1 BGB. Damit soll verhindert werden, dass

---

188 Schriftlicher Bericht des Rechtsausschusses über den Entwurf eines Gesetzes zur Änderung des PatG, abgedruckt in BlPMZ 1967, 279, 281 = BT-Dr. 5/1631 unter http://dipbt.bundestag.de/doc/btd/05/016/0501631zu.pdf.
189 Insoweit auch BGH, GRUR 1977, 589, 601 a.E. – Autoscooter.
190 Zum Verschulden s. oben S. 49 f.

der Anmelder allein zur Fristwahrung Klage erheben muss, ohne zu wissen, ob die angemeldete technische Lehre überhaupt patentfähig ist.[191]

Für die Zeit nach Verjährung des Entschädigungsanspruchs findet gemäß § 33 Abs. 3 PatG § 852 BGB entsprechende Anwendung, soweit der Verpflichtete auf Kosten des Berechtigten etwas erlangt hat. Der Anspruch nach § 852 BGB kann binnen 10 Jahren seit der Benutzung und dem Eintritt der Bereicherung geltend gemacht werden und gibt dem Anmelder damit – zumindest bei einer Patentverletzung nach § 141 PatG, der ebenfalls auf § 852 BGB verweist – ein scharfes Schwert an die Hand.

Streitig ist allerdings, ob ein solcher Restentschädigungsanspruch auch bei Benutzungen von offengelegten Patentanmeldungen gegeben ist. Im Wesentlichen stehen sich zwei Ansichten gegenüber.

a)   OLG München

Das OLG München[192] geht in einer Entscheidung von 2006 davon aus, dass die Verweisung des § 33 Abs. 3 PatG auf § 852 BGB ein Redaktionsversehen darstelle. Nach Ansicht des Gerichts sollte dadurch keine neue Anspruchsgrundlage geschaffen, sondern allein die Verjährung des Entschädigungsanspruchs geregelt werden. Auch eine direkte Kondiktion könne mangels Leistung des Berechtigten bzw. Eingriff in fremde Rechtsgüter (§ 812 I BGB) nicht gegeben sein, da das bloße Recht auf das Patent noch kein subjektives Ausschließlichkeitsrecht verschaffe. Vielmehr stehe die Benutzung jedermann frei und sei rechtmäßig.[193] Ein Restentschädigungsanspruch existiert nach dieser Ansicht mangels gesetzlicher Grundlage daher nicht.

b)   LG Düsseldorf

Das LG Düsseldorf[194] ging für das bis Ende 2001[195] geltenden Recht davon aus, dass nach § 33 Abs. 3 PatG sehr wohl Entschädigungsansprüche nach Verjährung vom Gesetzgeber gewollt waren und auch heute noch gewollt sind, sodass ein Restentschädigungsanspruch in den zeitlichen Grenzen des § 852 BGB durchgesetzt werden kann. Das Problem der fehlenden Leistung an einen Dritten bzw. des Eingriffs in fremde Rechtsgüter sieht das Gericht ebenfalls, geht

---

191 Begr. RegE BT-Dr. 8/2087, S. 29 a.E.
192 OLG München, Urteil vom 27.7.2006 – 6 U 4349/04 = NJOZ 2008, 4118.
193 OLG München a.a.O. Rn. 144.
194 LG Düsseldorf, Urteil vom 23. Mai 2000 – 4 O 162/99 = Mitt. 2000, 458; sowie Urteil vom 13.06.2001 – 4 O 204/00 = InstGE 1, 33, 37; so auch LG Mannheim, Urteil vom 16.01. 2004 – 7 O 403/03 = InstGE 4, 107, 112.
195 § 33 Abs. 3 PatG a. F. verwies auf § 141 PatG a. F., letzterer wiederum auf § 852 BGB.

aber mit der herrschenden Meinung[196] von einer Rechtsfolgenverweisung in § 852 BGB aus, sodass die tatbestandlichen Voraussetzungen eines Bereicherungsanspruchs aus § 812 BGB nicht erfüllt sein müssen.[197]

Als Rechtsfolge hat der Benutzer nach Auffassung des Gerichts dem Anmelder bis zum Datum der Patenterteilung den Gewinn herauszugeben, den er durch die Benutzung der offengelegten Erfindung erzielt hat. Durch § 33 Abs. 1 PatG, der allein eine Entschädigung gewährt, ist die Höhe des herauszugebenden Gewinns auf die Höhe einer angemessenen Lizenzgebühr – als Obergrenze der angemessenen Entschädigung[198] – gedeckelt.

c) *Stellungnahme*

M.E. streiten die besseren Gründe für einen Restentschädigungsanspruch. Der Gesetzgeber wollte mit der Neuregelung von § 33 Abs. 3 PatG lediglich eine Kettenverweisung innerhalb des PatG vermeiden. Klar sollte sein, dass die Verjährung nach Satz 1 frühestens ein Jahr nach Erteilung des Patents eintritt. Der Verweis auf § 852 BGB, früher über den Umweg des § 141 PatG a. F., stellt entgegen dem OLG München kein Redaktionsversehen dar, sondern soll genau wie der Restschadensersatzanspruch des § 141 PatG die Entschädigungsansprüche längere Zeit rückwirkend erhalten.[199]

Auch sind keine Gründe ersichtlich, wieso die Norm ausschließlich für Ansprüche aus dem Patent gelten soll, nicht jedoch für dessen Vorwirkungen im Rahmen des einstweiligen Schutzes. Nach der Belohnungstheorie[200] soll der Anmelder für die Offenlegung seiner Erfindung einen Ausgleich erhalten. Dieser Ausgleich wird dem Anmelder durch § 33 PatG auch schon vor der eigentlichen Patenterteilung gewährt. Wenn eine bestehende Bereicherung beim Benutzer bis zur Höhe der Entschädigung nicht abgeschöpft werden dürfte, müsste der Anmelder zur eigenen Sicherung sofort einen Prüfungsantrag beim DPMA stellen. Damit bliebe ihm jedoch die siebenjährige Überlegungsfrist des § 44 Abs. 2 PatG verwehrt und das DPMA würde durch die Prüfungsanträge zusätzlich belastet. Das wäre unzumutbar und eine nicht gerechtfertigte Ungleichbehandlung. Schließlich soll der Anmelder auch während des längeren Zeitraums bis zur Patenterteilung die Früchte seiner Erfindung ernten dürfen (§ 33 PatG), auch wenn der Prüfungsantrag erst später gestellt wird.

Soweit also der Benutzer der offengelegten Patentanmeldung durch die Benutzung etwas erlangt hat, kann der Anmelder unter den zeitlichen Voraus-

---

196 BGHZ 71, 86, 98 f. = NJW 1978, 1377; BGHZ 130, 288, 297 = NJW 1995, 2788; BAG NJW 2002, 1066, 1068; *Ebert*, NJW 2003, 3035, 3026 f.
197 LG Düsseldorf oben Fn. 194.
198 *Schäfers* in *Benkard*, § 33 Rn. 13
199 So auch *Nieder*, Mitt. 2009, 540; *Schäfers* in *Benkard*, § 33 Rn. 14b; *Mes*, § 33 Rn. 12.
200 *Säger*, GRUR 1991, 267, 268 m.w.N.

setzungen des § 852 BGB Entschädigungsansprüche rückwirkend bis zur Grenze einer angemessenen Entschädigung nach § 33 Abs. 1 PatG geltend machen. Zumeist geschieht dies, nachdem das Patent erteilt worden ist, in Verbindung mit Restschadensersatzansprüchen nach § 141 PatG.

2.   Zwischenergebnis

Der Entschädigungsanspruch unterliegt somit effektiv nicht der regelmäßigen Verjährung, da über den Restentschädigungsanspruch auf bereicherungsrechtlichen Grundsätzen (§ 852 BGB) ebenfalls eine angemessene Entschädigung verlangt werden kann, und das meist noch viele Jahre nach Ablauf der Regelverjährungsfrist. Da der Gebrauch der technischen Erfindung nicht herausgegeben werden kann, schuldet der Benutzer nach § 818 Abs. 2 BGB Wertersatz in Höhe einer angemessenen Entschädigung, soweit sich der Benutzer nicht seinerseits auf einen Wegfall der Bereicherung berufen kann, § 818 Abs. 3 BGB.

3.   Verwirkung

Zu beachten ist neben der Einrede der Verjährung (§ 214 Abs. 1 BGB) weiter der Einwand der Verwirkung. Sollte der Anmelder die Benutzung der offengelegten Patentanmeldung über einen längeren Zeitraum hinweg gekannt und geduldet haben, kann, vom Einzelfall abhängig (§ 242 BGB), der Restentschädigungsanspruch verwirkt sein.[201]

III.   Rückwirkender Wegfall des Entschädigungsanspruchs

Der Anspruch auf angemessene Entschädigung besteht nur, wenn es später zur Patenterteilung kommt. Der Anspruch entfällt ex tunc, wenn die Anmeldung zurückgenommen oder vom Amt zurückgewiesen wird oder als zurückgenommen gilt, § 58 Abs. 2 PatG. Der Anspruch entfällt (teilweise), wenn das Patent zwar erteilt wurde, danach aber (teilweise) widerrufen oder für nichtig erklärt wird. Auch Beschränkungen i.S.d. § 64 PatG führen zu einer entsprechenden Reduzierung des Anspruchs.

Eine bis dahin gezahlte Entschädigung kann als ungerechtfertigte Bereicherung (teilweise) zurückverlangt werden.[202]

---

201 *Steinke*, S. 144 ff.
202 *Feuerlein* in *Fitzner/ Lutz/ Bodewig*, § 33 Rn. 8; *Kühnen* in *Schulte*, § 33 Rn. 14.

IV.   Weitergehende Ansprüche

1.   Unterlassung

Der im deutschen Recht bestehende Anspruch auf angemessene Entschädigung führt in manchen Situationen zu unbefriedigenden Ergebnissen. Eine Entschädigung ist zum einen vor Patenterteilung rechtlich schwer durchsetzbar, da Gerichtsverfahren nach § 140 S. 1 PatG bis zur Erteilung des Patents typischerweise ausgesetzt werden. Zum anderen existieren im Ausland oft viel weitergehende Ansprüche in Form von Schadensersatz, Vernichtungs- und Unterlassungsansprüchen (oft auch staatliche Beschlagnahme).

Dass sich der eine oder andere Anmelder gerne erweiterte Ansprüche wünscht, ist daher verständlich. Forderungen nach einem einstweiligen Unterlassungsanspruch[203] müssen jedoch eine ganz klare Absage erteilt werden.[204] Nicht nur der eindeutige Wortlaut des § 33 Abs. 1 letzter Hs. PatG, sondern auch die amtliche Begründung schließen weitergehende Ansprüche aus.[205]

Auch auf internationaler Ebene hat sich Deutschland klar gegen weitergehende Ansprüche entschieden. Nach Art. II § 1 Abs. 1 S. 3 und Art. III § 8 IntPatÜG werden Sanktionen nur in Form einer Entschädigung gewährt.

Auch der dem Patent nahestehende Sortenschutz räumt auf nationaler wie europäischer Ebene nur einen Entschädigungsanspruch ein, § 37 Abs. 3 SortSchG; Art. 95 GSV.[206]

2.   Bereicherung

Bereicherungsrechtliche Ansprüche müssen schon dem Grunde nach ausscheiden. Der die offengelegte Erfindung nutzende Dritte wird weder durch Leistung bereichert noch hat er in den Zuweisungsgehalt eines fremden Rechts eingegriffen.[207]

---

203 So vor allem von *Pahlow*, GRUR 2008, 97.
204 Im Ergebnis auch BGH GRUR 1989, 411, 412 – Offenend-Spinnmaschinen; *Kühnen*, GRUR 1997, 19, 21 f.; *Traub*, FS 25 Jahre BPatG, 267.
205 Amtl. Begr. BlPMZ 1979, 283 re.Sp.
206 Siehe unten S. 127 ff.
207 Das Ausschließlichkeitsrecht ist dem Anmelder gerade noch nicht zugewiesen. Das Recht auf das Patent (§ 6 PatG) ändert daran nichts. So auch *Mes*, § 33 Rn. 13.

3.   Auskunft

Zur Durchsetzung seiner Rechte kann dem Anmelder aber analog § 140b PatG
ein Auskunftsanspruch auf Bekanntgabe der Benutzungshandlungen gewährt
werden.[208]

4.   Sonderfall der Insolvenz

Streitig ist, ob der Anmelder den Dritten zumindest bei Zahlungsunfähigkeit
ausnahmsweise zur Unterlassung auffordern darf. Ein Teil der Lehre möchte
hierfür § 23 Abs. 3 S. 6 PatG analog heranziehen.[209] Hiergegen bestehen jedoch
erhebliche Bedenken.

Nach dieser Vorschrift kann der Patentinhaber dem Benutzer die Benutzung
des Patents untersagen, wenn dieser keine Vergütung (mehr) leistet. Nach
Absatz 6 gilt die Vorschrift auch für Patentanmeldungen.

§ 23 Abs. 3 S. 6 PatG ist allerdings kein eigener Unterlassungsanspruch,
sondern lässt nur den durch die Lizenzbereitschaft erloschenen Anspruch
wieder aufleben, wenn keine Vergütung geleistet wird. Bei Patentanmeldungen
besteht aber gar kein Unterlassungsanspruch, der wieder aufleben könnte,[210] vgl.
§ 33 Abs. 1 a.E. PatG.

Für eine analoge Anwendung fehlt nicht nur die planwidrige Regelungslücke,
sondern auch die vergleichbare Interessenlage. Nur der Patentinhaber hat im
Gegensatz zum Anmelder ein Ausschließlichkeitsrecht. Ein solches kann nicht
über die Hintertür auch für den Anmelder eingeführt werden, zumal ein
Anmelder, der keine Vergütung des Dritten erhält, damit besser stünde, als ein
Anmelder, der eine Vergütung erhält.

Ein solcher Anspruch hätte zur Folge, dass jeder Anmelder auf die
Zahlungsunwilligkeit/ -fähigkeit des Benutzers seiner Anmeldung hoffen würde,
damit er ihm die Benutzung des Anmeldegegenstandes ganz untersagen kann.

Auch der Restentschädigungsanspruch, mit dem eine Bereicherung des
Benutzers auch noch lange Zeit nach Patenterteilung abgeschöpft werden kann,
spricht   gegen   einen   Unterlassungsanspruch.[211]   Durch   den   Restentschädigungsanspruch wird sichergestellt, dass der Wert der Anmeldung

---

208 BGH GRUR 1989, 411, 413, 414 – Offenend-Spinnmaschine geht mangels gesetzlicher
     Grundlage noch von einem Anspruch nach § 242 BGB aus. Auch die Fassung des PatG von
     1981 sah einen Auskunftsanspruch nicht vor. Heute ist er in § 140b PatG geregelt.
209 *Kühnen* in *Schulte*, § 33 Rn. 18; *Schramm/Henner*, GRUR 1968, 667, 672; a. A. *Busse-
     Keukenschrijver*, § 33 Rn. 12; *Ohl*, GRUR 1976, 557, 565.
210 *Ohl*, GRUR 1976, 557, 565.
211 Siehe oben S. 55 ff.

weiterhin dem Anmelder zugeordnet wird, auch wenn der Benutzer zunächst nicht zahlungsfähig ist.

Bei einer Liquidation der Gesellschaft[212] kann es zwar zum Totalausfall kommen, dieses Risiko trägt aber auch der Patentinhaber bei seinen Lizenznehmern. Hier ist ein Unterlassungsanspruch nicht mehr notwendig, da die Gesellschaft und damit die Benutzung des Anmeldegegenstandes beendigt wird.

Bei Insolvenz des die Anmeldung benutzenden Unternehmens kann es im besten Fall zur Sanierung und Fortführung des Unternehmens kommen. Hier kann der Anmelder dann erneut seinen (Rest-) Entschädigungsanspruch durchsetzen.

Im Ergebnis ist ein Unterlassungsanspruch des Anmelders für den Fall der Zahlungsunfähigkeit des Benutzers daher eindeutig abzulehnen.

V.   Durchsetzung

Zur Durchsetzung der Rechte siehe oben S. 29 f..

VI.   Ergebnis

Der Anmelder eines deutschen Patents wird ab der Offenlegung der Patentanmeldung durch einen verschuldensabhängigen Entschädigungsanspruch geschützt, § 33 PatG. Im internationalen Vergleich stellt dies einen Mittelweg zwischen Anmelder- und Benutzerschutz dar. Der Entschädigungsanspruch besteht entgegen dem BGH auch bei mittelbaren Benutzungen der Patentanmeldung.

Dem Anmelder steht nach Ablauf der regelmäßigen Verjährungsfrist ein Restentschädigungsanspruch zu, der sich auf § 852 BGB und Bereicherungsrecht stützt. Dieser Anspruch ist in der Höhe auf eine angemessene Entschädigung nach den Grundsätzen der Lizenzanalogie begrenzt. Weitergehende Ansprüche sind – auch bei einer Insolvenz des Benutzers –ausgeschlossen.

---

212 § 273 AktG und § 74 Abs. 1 GmbHG führen zur Beendigung der Gesellschaft und damit auch zum Ende der Benutzung des Anmeldegegenstandes.

Teil 2: Markenrecht

Das Markenrecht ist neben dem Patentrecht das bedeutendste gewerbliche Schutzrecht. Im Jahre 2011 waren knapp 781 000 Marken im deutschen Markenregister eingetragen und damit sechsmal mehr als nationale Patente. Neben den jeweiligen nationalen Marken gibt es seit 1994 auch die Gemeinschaftsmarke als EU-weites einheitliches Schutzrecht.

Vielen Unternehmen ist es jedoch wichtig, Markenschutz auch in Nicht-EU-Staaten zu erlangen. Ein solcher internationaler Markenschutz lässt sich über die Erstreckung des Markenschutzes durch eine internationale Registrierung nach dem MMA/PMMA erreichen.

Die einzelnen Schutzsysteme sind so vielfältig wie unterschiedlich. Gerade im Hinblick auf den Schutz zwischen Veröffentlichung der Markenanmeldung und Eintragung der Marke bzw. ab dem Zeitpunkt der Antragstellung der internationalen Registrierung gibt es deutliche Unterschiede.

A.   Gemeinschaftsmarke

Die Gemeinschaftsmarke[213] (GM) ist eine vergleichsweise junge Variante des internationalen Markenschutzes. Mit ihr sollte nicht nur die wechselseitige Öffnung der innerstaatlichen Märkte gefördert, sondern auch Bedingungen geschaffen werden, die denen eines europäischen Binnenmarktes für die Markenartikel entsprechen.[214]

Die Gemeinschaftsmarke bietet im Gegensatz zur IR-Marke[215] einen ein-

---

213 *Verordnung (EG) Nr. 40/94 des Rates vom 20. 12. 1993 über die Gemeinschaftsmarke; ersetzt durch die* Verordnung (EG) Nr. 207/2009 des Rates vom 26.02.2009 über die Gemeinschaftsmarke, in Kraft seit 13.04.2009 (GMV).

214 Vorschlag einer Verordnung des Rates über die Gemeinschaftsmarke, GRUR Int 1981, 86.

215 Eingetragene Marke im internationalen Register (WIPO), dazu unten S. 77 ff.

heitlichen Schutz im gesamten Gebiet der Europäischen Union.[216] Mit der GM
wurden nicht nur das Anmeldeverfahren, sondern auch die Rechtswirkungen
vereinheitlicht.[217] Gerade Letzteres stellt aber oft eine große Hürde dar, denn
sobald in nur einem Mitgliedstaat Eintragungshindernisse nach Art. 7 GMV
bestehen, führt dies unweigerlich zur Zurückweisung der gesamten Anmeldung,
Art. 7 Abs. 2 GMV.

Auch wegen der stetig wachsenden Zahl von EU-Mitgliedstaaten entwickelte
sich die GM schnell zu einem »Bestseller«. Heute sind beim HABM[218] in Alicante
über 900 000 Gemeinschaftsmarken eingetragen.[219] Zum starken Wachstum der
Gemeinschaftsmarke tragen auch das heute mit ca. 80 % am häufigsten genutzte
E-Filing (online-Anmeldung) und die moderaten Anmelde- und Eintragungs-
gebühren[220] bei.[221]

I.   Eintragungsverfahren

Eine Gemeinschaftsmarkenanmeldung kann per Fax, Post oder online beim
HABM in einer der 23 Sprachen[222] erfolgen.

Wenn alle erforderlichen Unterlagen eingereicht worden sind (Artt. 26, 36
GMV), wird der Anmeldetag bestimmt (Artt. 27, 36 GMV) und ein Gemein-
schaftsrecherchenbericht erstellt, Art. 38 GMV.

Sind die Erfordernisse für die Anmeldung der Gemeinschaftsmarke erfüllt
und die Frist des Art. 38 Abs. 7 GMV verstrichen, so wird die Anmeldung veröffentlicht, Art. 39 GMV. Die Veröffentlichung dient nicht nur der frühzeitigen
Bekanntmachung   von   Markenanmeldungen,   sondern   setzt   auch   die
Widerspruchsfrist von drei Monaten in Gang, Art. 41 GMV.

Über den Widerspruch entscheidet die Widerspruchsabteilung des HABM
(Art. 42 GMV), deren Entscheidung mit der Beschwerde anfechtbar ist,
Artt. 58 f. GMV. Über die Beschwerde entscheidet die Beschwerdekammer,

---

216 Mit Ausnahme von Norwegen und der Schweiz. Eine GM dient häufig als Basismarke für
    eine internationale Registrierung, um den Schutz auch in diesen Ländern zu erhalten.
217 Art. 1 Abs. 2 GMV.
218 Harmonisierungsamt für den Binnenmarkt.
219 03/2013: Statistik unter http://oami.europa.eu.
220 Die Kosten für eine Einzelmarke beginnen bei 900 € inkl. 3 Klassen bei online-Anmeldung.
    Gebühren- und Zahlungsmodalitäten unter http://oami.europa.eu.
221 Der Markenschutz nach dem Madrider System (s. unten S. 77 ff.) ist deutlich teurer und
    umständlicher. So gab es 2011 auch nur 40 711 internationale Registrierungen gegenüber
    105 879 GM-Anmeldungen.
222 Weiter muss eine Arbeitssprache – Deutsch, Englisch, Französisch, Italienisch und
    Spanisch – angegeben werden, Art. 119 Abs. 2, 3 GMV, Regel 1 GMDV.

Art. 64 GMV, deren Entscheidung wiederum durch Klage beim Gerichtshof überprüft werden kann, Art. 65 Abs. 1 GMV.

Dieses oft sehr langwierige Widerspruchsverfahren wird – anders als im deutschen Markenrecht – noch vor Eintragung der GM durchgeführt. Der GM-Anmelder ist damit – auch unbegründeten – Widersprüchen[223] gegen seine Anmeldung ausgesetzt. Je häufiger über Widersprüche entschieden werden muss, desto später gelangt die GM zur Eintragung und Entstehung. Dadurch kann der GM-Anmelder einen erheblichen Schaden erleiden. Die Vollwirkungen der GM treten nämlich erst ab ihrer Eintragung, also nach Durchführung des Widerspruchsverfahrens, ein.

Wie langwierig ein solches Verfahren werden kann, zeigt der Fall Anheuser-Busch Inc. gegen Bitburger und Budějovický Budvar hinsichtlich der GM-Anmeldung Nr. 24711 »BUD« vom 12.03.1996 mit zahlreichen Widersprüchen und Entscheidungen der Beschwerdekammern und des Gerichtshofs.[224] Eingetragen und Veröffentlicht wurde die GM erst am 18.06.2013. Damit dauerte das Verfahren mehr als 17 Jahre und dürfte die Unternehmen etliche Millionen Euro gekostet haben.

Um diese sehr ungünstige Situation für den GM-Anmelder etwas abzumildern, wurden Widerspruchsgebühren,[225] eine Kostenregelung[226] sowie ein Schutzsystem in Form eines Entschädigungsanspruchs in der GMV installiert.

II.   Schutzsystem nach Veröffentlichung der Anmeldung

1.   Art. 9 Abs. 3 S. 2 GMV

Das Problem des vorgeschalteten Widerspruchsverfahrens hat der Gesetzgeber gesehen und gewährt dem Anmelder ab Veröffentlichung der Anmeldung einen verschuldensunabhängigen Entschädigungsanspruch, Art. 9 Abs. 3 S. 2 GMV. Dieser Anspruch besteht für den Zeitraum zwischen Veröffentlichung der Anmeldung und Eintragung der Marke. Entschädigungspflichtig sind Handlungen,

---

223 Der Anmelder kann die Anmeldung teilen, wenn sich der Widerspruch nur auf einzelne Waren oder Dienstleistungen beschränkt, Art. 44 GMV. Der unstreitige Teil kann dann , eingetragen werden.

224 Das letzte Urteil ist vom 29.03.2011, C-96/09 P, Slg. 2011, I 2177. Die historischen Wurzeln des Konflikts und seiner letzten gerichtlichen Kapitel schildert Generalanwalt *Ruiz-Jarabo Colomer* in seinen Schlussanträgen vom 05.02.2009 in der Rechtssache C-478/07, Budějovický Budvar (Urteil vom 08.09.2009, Slg. 2009, I-7721).

225 Die Widerspruchsgebühren (Art. 41 Abs. 3 GMV; Regel 18 Abs. 1 GMDV) belaufen sich auf derzeit 350 €.

226 Art. 85 Abs. 1 und 2 GMV; R.94 GMDV, wonach die unterliegende Partei alle Kosten zu tragen hat (darunter auch 1. Klasse Bahn-Ticket, Hotel- und Aufenthaltskosten, Amtsgebühren etc.).

die nach Eintragung der Marke verboten wären. Als Handlungen kommen alle in
Art. 9 Abs. 1 und 2 GMV aufgeführten in Betracht.

Der Entschädigungsanspruch ist rückwirkend ausgestaltet. Er kann zwar
schon vor Eintragung gerichtlich geltend gemacht, darf aber nicht vor Eintragung der Marke zugesprochen werden. Hintergrund ist, dass die Entscheidung,
ob die Marke tatsächlich eingetragen wird oder nicht, nicht das jeweilige Gericht,
sondern das dafür zuständige HABM fällen soll, Art. 9 Abs. 3 S. 3 GMV. Andernfalls könnte es dazu kommen, dass ein Gericht dem Anmelder rechtskräftig
einen Entschädigungsanspruch zuspricht, die Anmeldung später jedoch vom
HABM zurückgewiesen wird.

Daher müssen Klagen, die vor Eintragung der Marke bei Gericht eingegangen
sind, bis zur endgültigen Entscheidung des HABM über die Eintragung
zurückgestellt bzw. das Verfahren ausgesetzt werden. In der Praxis wird daher
meist erst nach Markeneintragung Klage wegen Verletzung der eingetragenen
Marke auf Unterlassung und Schadensersatz erhoben und zugleich der
Anspruch auf Entschädigung für den Zeitraum vor Eintragung geltend
gemacht.[227]

a)   Kein Verschulden erforderlich

Der Entschädigungsanspruch ist unabhängig vom nationalen Recht der Mitgliedstaaten und wird ohne Rücksicht auf Verschulden gewährt.[228] Grund hierfür
ist das hohe Gefahrenpotential des vorgeschalteten Widerspruchsverfahrens.
Durch die Einlegung auch unbegründeter Widersprüche kann die Eintragung
der GM erheblich verzögert werden, während die Anmeldung der GM für
jedermann online abrufbar ist.

Angesichts der unterschiedlichen Verschuldensmaßstäbe der Mitgliedstaaten
würde ein verschuldensabhängiger Anspruch dazu führen, dass der GM-
Anmelder in einigen Staaten Probleme beim Beweis des Verschuldens hätte.
Damit hätte die GM keine europaweit einheitliche Wirkung mehr (Art. 1 Abs. 2
GVM), denn bei nationalen Verschuldenserfordernissen könnte in einigen
Staaten ein Anspruch bestehen, in anderen wiederum nicht. Da dies dem GM-
Anmelder – der durch das vorgeschaltete Widerspruchsverfahren ohnehin
schon schlechter steht – weder zuzumuten noch interessengerecht wäre, wurde
auf ein Verschuldenserfordernis verzichtet.

In der Sache ist der Unterschied zum deutschen nationalen Recht nicht so
groß. Der Schadensersatzanspruch bei Verletzung deutscher Marken hängt
gemäß § 14 Abs. 6 MarkenG von einem Verschulden ab. Die Gerichte nehmen

---

227 LG Düsseldorf GRUR 2000, 334, 336 – *Dr. Brügger.*
228 *Schricker/Bastian/Knaak*, S. 92; *Mühlendahl/Ohlgart*, S. 52; *Hartmann*, S. 118; *Bumiller*,
    S. 57.

aber bei fehlender Schutzrechtsüberwachung zumindest einfache, oft sogar grobe Fahrlässigkeit an.[229] Damit handelt ein Dritter nach deutschem Verständnis schon dann fahrlässig, wenn er die Schutzrechtslage, also auch die Anmeldung von GM, nicht überwacht.[230] Deutsche Gerichte würden damit also auch bei Geltung eines Verschuldenserfordernisses zum gleichen Ergebnis gelangen.

Wenn der Benutzer der angemeldeten GM zugleich Widerspruchsführer ist, könnte nicht nur an die fehlende Schutzrechtsüberwachung, sondern auch an die Einlegung des Widerspruchs angeknüpft werden. Gerade er verzögert hier die Eintragung. Erst diese Verzögerung löst dann einen Schaden aus, denn ohne Widerspruch könnte die GM eingetragen werden und das Vollrecht, inkl. Unterlassungs- und Schadensersatzansprüchen, würde entstehen. Wenn der Widerspruch offensichtlich nur die Eintragung verzögern sollte, wäre ein Verschulden ebenfalls unproblematisch.

b) Anspruchsumfang

Probleme bereiten die Höhe und der Umfang der geschuldeten Entschädigung. Wie der im Einzelfall konkret zu beziffernde Anspruch zu berechnen ist, ist streitig. Grundsätzlich gibt es in Anlehnung an die nationalen Schadensersatzansprüche drei Arten, den Schaden zu berechnen.

aa) Konkreter Schaden

Ein Markeninhaber kann Ersatz des ihm konkret entstandenen Schadens verlangen, § 14 Abs. 6 MarkenG. Diese Berechnungsmöglichkeit ist für den Markenanmelder problematisch, da es hier nicht um Schadensersatz, sondern nur um eine Entschädigung geht. Denkbar und erforderlich wäre allerdings, den Anspruch durch die Höhe des konkret entstandenen Schadens zu deckeln, d. h. der Entschädigungsanspruch darf in keinem Fall höher sein als der tatsächlich entstandene Schaden. Bei dieser Art der Berechnung stellt sich in der Praxis das Problem, dass der durch die verspätete Eintragung entstandene Schaden häufig nicht genau berechnet werden kann.

bb) Gewinnherausgabe

Als zweite Berechnungsmöglichkeit bietet sich die Herausgabe des Gewinns an, den der Benutzer erzielt hat. Auch hier bestehen aber erhebliche Beweisprobleme. In der Praxis kommt es häufig vor, dass sich der Benutzer arm rechnet, um keine Gewinne herausgeben zu müssen.[231] Auch kann der Anmelder

---

229 BGH GRUR 1977, 598 – Autoscooter.
230 So auch *Bumiller*, S. 57 f., wonach Art. 9 Abs. 3 GMV das fahrlässige Verhalten indiziert.
231 Überblick zur Schadensberechnung im Markenrecht bei *Hacker*, Rn. 641 ff. m. w. N.

(Markeninhaber) nicht den vollen Gewinn herausverlangen, sondern nur den Teil, der wertmäßig auf die Markenverletzung zurückzuführen ist.[232] Den tatsächlichen Gewinn des Benutzers zu ermitteln, ist somit äußerst schwierig.

cc)   Lizenzanalogie

Am häufigsten wird daher auf die sog. Lizenzanalogie zurückgegriffen. Verlangt werden kann, was vernünftige Dritte in einer vergleichbaren Situation als Nutzungsentgelt vereinbart hätten.[233] Dieses Nutzungsentgelt lässt sich sehr viel einfacher berechnen als bei den beiden anderen Methoden. Auch werden die Interessen von Anmelder und Benutzer ausreichend berücksichtigt,[234] denn der Anmelder kann ohne Ausschließlichkeitsrecht (vor Eintragung) nicht mehr erhalten, als er vom Lizenznehmer einer eingetragenen Marke erhalten würde. Umgekehrt verletzt der Dritte durch die Nutzung einer nur angemeldeten Marke gerade noch kein Ausschließlichkeitsrecht und hat dadurch auch keinen Schadensersatz zu leisten.

dd)   Marktverwirrungsschaden

Ein Marktverwirrungsschaden wird dann angenommen, wenn der Benutzer durch die Zeichennutzung das Image der Marke beschädigt oder den Markt verwirrt hat.[235] Hiervon umfasst sind die Kosten der Beseitigung der Marktverwirrung sowie etwaige Aufklärungs- und Werbekosten.[236] Anspruchsgrundlage hierfür ist § 14 Abs. 6 S. 1 MarkenG iVm § 251 Abs. 1 BGB,[237] soweit es sich um eine Verletzung des Ausschließlichkeitsrechts des Markeninhabers handelt. Entsprechendes könnte für den Markenanmelder gelten.

ee)   Stellungnahme

Die Berechnung der Entschädigung ist und bleibt schwierig. Einen Anhaltspunkt dürften die regelmäßigen Lizenzkosten für die Benutzungszeit bis zur Eintragung bieten. In einfach gelagerten Fällen dürfte die einfache Lizenzzahlung für beide Seiten angemessen sein.

Ob die Schlussfolgerungen aus § 33 PatG,[238] der ebenfalls einen Entschädi-

---

232 BGH GRUR 2006, 419, 420 – Noblesse; GRUR 2010, 239, 242 – BTK.
233 BGH GRUR 1966, 375, 376 ff. – Meßmer Tee II; GRUR 1972, 189, 190 – Wandsteckdose II; GRUR 2010, 239, 242 – BTK.
234 So auch *Ingerl*, S. 92.
235 BGH GRUR 2010, 239, 241 – BTK; GRUR 1988, 776, 779 – PPC; GRUR 1975, 434, 438 – Bouchet; *Hacker*, Rn. 653; *Fezer*, § 14 Rn. 1032 und § 2 Rn. 41; *Pahlow* in *Ekey/Klippel/Bender*, § 14 Rn. 105; *Hacker* in *Ströbele/Hacker/Kirschneck*, § 14 Rn. 498 f.; *Schweyer* in *von Schultz*, § 14 Rn. 287.
236 BGH GRUR 1974, 84, 88 – Trumpf; GRUR 1954, 457, 459 – Irus/Urus.
237 Vgl. *Hacker* in *Ströbele/Hacker*, § 14 Rn. 498.
238 Siehe oben S. 54 f.

gungsanspruch vor Patenterteilung gewährt, auf den markenrechtlichen Entschädigungsanspruch übertragen werden können, erscheint sehr fraglich. Die Situation im Markenrecht unterscheidet sich nämlich in einem entscheidenden Punkt. Der spätere Patentinhaber erleidet durch die Benutzung seiner Erfindung in der Zeit zwischen Offenlegung und Erteilung nur geringe Folgewirkungen. Er kann eine angemessene Lizenzgebühr verlangen[239] und den Benutzer nach Erteilung des Patents zur Unterlassung auffordern.

Der Markenanmelder hat neben der möglichen Lizenzzahlung das Problem, dass die Verkehrskreise seine Marke im Fall der Benutzung durch Dritte nicht so wahrnehmen wie von ihm gewünscht. Im schlimmsten Fall, wenn sich das Widerspruchsverfahren über Jahre hinzieht und der Dritte die Marke zu eigenen Zwecken benutzt hat, kann der GM-Inhaber die Marke überhaupt nicht mehr nutzen. Der Patentinhaber hingegen kann seine Erfindung uneingeschränkt weiter benutzen und vermarkten.

Wenn das Image des Zeichens aber schon in statu nascendi vernichtet oder beschädigt wird, erhielte der Anmelder bei bloßer Lizenzzahlung keine angemessene Entschädigung. Die Einbußen durch die Beeinträchtigungen des Markenimages und der Markenverwässerung müssen daher ebenfalls ausgeglichen und die hierfür anfallenden Aufklärungs- und Werbekosten anteilig in den Entschädigungsanspruch mit eingerechnet werden. Allein die Lizenzzahlung bringt dem Anmelder nicht das u. U. mit viel Werbung und Kosten geschaffene Image wieder zurück.

Im Rahmen der Entschädigungszahlung kann auf die Anspruchsgrundlagen des jeweiligen nationalen Rechts[240] oder auf Art. 9 Abs. 3 S. 2 GMV zurückgegriffen werden. Dies widerspricht auch nicht Art. 9 Abs. 3 S. 2 GMV, solange sich der Ausgleichsbetrag wertmäßig unterhalb des vollen Schadensersatzes bewegt.

Weitergehende Rechtsfolgen sind aber ausgeschlossen. Insbesondere kann bei böswilliger Benutzung des Zeichens vor Eintragung kein voller Schadensersatzanspruch entstehen.[241] Eine solche Rechtsfolge ist nicht nur mit dem Wortlaut von Art. 9 Abs. 3 S. 2 GMV unvereinbar, sondern auch von dessen Schutzzweck nicht umfasst. Vielmehr ist bei Benutzungshandlungen mit klarer Schädigungsabsicht das jeweilige nationale Recht anzuwenden,[242] da Art. 9 Abs. 3 S. 2 GMV ausschließlich das vorgeschaltete Widerspruchsverfahren

---

239 *Schäfers* in *Benkard*, § 33 Rn. 13; siehe oben S. 54 f.
240 In Deutschland können § 826 oder § 823 Abs. 1 BGB (Recht am eingerichteten und ausgeübten Gewerbebetrieb) fruchtbar gemacht werden.
241 Gegen *Hartmann*, S. 119.
242 Hieraus können sich dann im Einzelfall Schadensersatzansprüche gegen den Benutzer ergeben; in Deutschland § 826 BGB oder § 9 UWG.

ausgleichen soll. Eine zielgerichtete böswillige Schädigung des Dritten wird von der Norm hingegen nicht erfasst.[243]

2.   Erweiterter Schutz nach Art. 103 Abs. 1 GMV

Der Entschädigungsanspruch als solcher ist zum Zeitpunkt vor Eintragung noch nicht viel wert. Der Anmelder muss vielmehr hinnehmen, dass ein Dritter sein Zeichen anderweitig benutzt und kann erst hinterher Ansprüche geltend machen (Liquidität des Dritten vorausgesetzt). Ähnlich wie im Patentrecht gibt es Bestrebungen, diesen oft als lückenhaft beschriebenen Schutz zu erweitern.

Grundlage hierfür könnte Art. 103 Abs. 1 GMV bieten. Danach können »bei den Gerichten eines Mitgliedstaats […] in Bezug auf eine Gemeinschaftsmarke oder die Anmeldung einer Gemeinschaftsmarke alle einstweiligen Maßnahmen einschließlich Sicherungsmaßnahmen beantragt werden, die in dem Recht dieses Staates für eine nationale Marke vorgesehen sind […].«

Art. 103 Abs. 1 GMV verweist damit auf das jeweilige nationale Recht. Die Zuständigkeit im einstweiligen Rechtsschutz nach Art. 103 Abs. 2 S. 1 GMV entspricht der im Hauptverfahren, d. h. die Gemeinschaftsmarkengerichte nach Art. 97 Abs. 1 – 4 GMV und am Streitgenossengerichtsstand verfügen über eine gemeinschaftsweite Kognitionsbefugnis.[244] Sie können auch einstweilige Anordnungen treffen, die Wirkung in der gesamten Union entfalten.[245] Alle anderen nationalen Markengerichte, aber auch die Gemeinschaftsmarkengerichte am Ort der Verletzungshandlung nach Art. 97 Abs. 5 GMV, können dagegen nur auf das eigene Territorium beschränkte einstweilige Maßnahmen anordnen, Art. 103 Abs. 2 S. 2 GMV.[246]

Einstweilige Maßnahmen sind hier ein besonders scharfes Schwert, da zum einen keine Widerklagemöglichkeit besteht und zum anderen gerichtliche Anordnungen europaweit wirken können.

In einigen Ländern, darunter Frankreich[247] und Italien[248], sind solche einstweiligen Maßnahmen nach nationalem Markenrecht tatsächlich möglich. Daher wird insbesondere von *Schafft* vertreten,[249] den Schutz veröffentlichter GM-Anmeldungen auch auf Unterlassungsansprüche im Wege einer (gemein-

---

243 a. A. wohl *Hartmann*, S. 119.
244 *Hye-Knudsen*, S. 149; *Schack*, FS Stürner, 1352 f.
245 Mit Einschränkungen wegen der fehlenden Anerkennungsfähigkeit, wenn die Entschei-
    dung nicht in einem kontradiktorischen Verfahren ergangen ist. Hierzu *Schack*, FS Stürner,
    1353, *ders.*, MMR 2000, 135, 139 f.; *Hopf*, MarkenR 2012, 229 ff.; *Schulte-Beckhausen*, WRP
    1999, 300, 305; *Kurtz*, S. 201.
246 *Hopf*, MarkenR 2012, 229 ff.; *Knaak*, GRUR Int 1997, 864, 866.
247 Art. L. 716.2 und 716.6 Code de la propriété intellectuelle.
248 Art. 63 Abs. 1 ital. MarkenG; Art. 669bis-700 Codice di procedura civile.
249 *Schafft*, WRP 2005, 986, 989.

schaftsweiten) einstweiligen Verfügung nach Art. 103 GMV[250] auszudehnen, denn nach dem Wortlaut von Art. 103 Abs. 1 GMV soll sich der Schutz von nationalen Marken auch auf die Anmeldung von Gemeinschaftsmarken beziehen.[251] *Schafft* geht daher davon aus, dass sich ein Unterlassungsanspruch direkt aus dem Unionsrecht (Art. 103 GMV) ergibt und nationale Vorgaben daher nicht notwendig seien.[252] Er begründet dies mit der historischen Entwicklung des Art. 99 GMV a. F., der erst später in den Gesetzgebungsmaterialien aufgetaucht sei, was den Schluss nahe lege, dass der in Art. 9 Abs. 3 S. 2 GMV gewährte Schutz unzureichend sei und den Interessen des Anmelders nicht genügend Rechnung trage.

Weiter stellt *Schafft* auf den »effet utile« ab, wonach in der EU ein effektiver Schutz und kein Mosaikschutz zu gewährleisten sei.[253]

Systematisch soll Art. 103 GMV n. F. als *lex specialis* und *lex posterior* Vorrang vor Art. 9 Abs. 3 S. 2 GMV haben.[254]

Für das Ergebnis streitet, dass ein Dritter die Eintragung des Zeichens als GM durch Widersprüche so lange hinauszögern kann, bis das Zeichen mit einem anderen Image belegt oder sogar zum Gattungsbegriff geworden ist. Eine Eintragung wäre dann nicht mehr möglich.[255]

Ein solches Ergebnis ist aber nicht haltbar. Zunächst überzeugt das Wortlautargument nicht. Der EU-Gesetzgeber wollte mit der Formulierung nur den unterschiedlich ausgestalteten nationalen Markenrechten Rechnung tragen.[256] Es ist nicht erkennbar, dass mit dieser Formulierung die Tür zur Anwendung materiellen nationalen Rechts bei GM-Anmeldungen geöffnet werden sollte. Dem würde vielmehr die Zuständigkeit des HABM entgegenstehen, denn das Gericht des einstweiligen Rechtsschutzes müsste zumindest summarisch prüfen, ob das Zeichen als GM eintragungsfähig ist. Diese Befugnis hat allerdings kein nationales Verletzungsgericht, was ein italienisches Gericht[257] 1998 verkannt hat, als es eine einstweilige Verfügung nicht als unzulässig, sondern wegen fehlender Unterscheidungsfähigkeit des angemeldeten Zeichens zurückwies. Hierzu war das Gericht nicht berechtigt, denn die Prüfungsbefugnis liegt ohne Einschränkungen beim HABM, Artt. 36, 38 GMV. Wie das Schicksal so spielt, trug das

---

250 Damals Art. 99 GMV a. F.
251 *Schafft*, WRP 2005, 986, 990.
252 *Schafft*, WRP 2005, 986, 989.
253 Schafft, WRP 2005, 986, 991.
254 *Schafft*, WRP 2005, 986, 990.
255 Vgl. EuGH, Beschluss vom 23.04.2010, C-332/09 P, Tz. 49 = Slg. 2010, I 49 – Flugbörse.
256 So i.E. auch *Hartmann*, S. 123 f.; *Schricker/Bastian/Knaak*, S. 129.
257 Tribunale di Verona, vom 16.07.1998 – Raviolificio/Pastificio; *von Kapff* in *Ekey/Klippel*, Art. 99 Rn. 20 m.w.N.

HABM das Zeichen später ein. Solche in der Sache unvereinbaren Entscheidungen sind unbedingt zu vermeiden.

Auch systematisch überzeugt ein direkter aus Art. 103 Abs. 1 GMV abgeleiteter Anspruch nicht. Art. 103 GMV befindet sich im Titel X, der die Zuständigkeit und das Verfahren für Klagen regelt, die Gemeinschaftsmarken betreffen. Aus einer Zuständigkeitsnorm eine materielle Anspruchsnorm abzuleiten, liegt fern, denn das materielle Markenrecht befindet sich in Titel II der GMV. Nach Titel II Abschnitt 2 kann das Recht aus der Gemeinschaftsmarke Dritten aber erst nach der Veröffentlichung der Eintragung der Marke entgegengehalten werden, Art. 9 Abs. 3 S. 1 GMV.

In der Sache hätte ein Unterlassungsanspruch zur Folge, dass die Benutzung des als GM angemeldeten Zeichens vor Eintragung als rechtswidrig anzusehen wäre. Bei einer rechtswidrigen Benutzung müssen dann denklogisch aber auch Schadensersatzansprüche bestehen, die ausweislich des Wortlauts des Art. 9 Abs. 3 S. 2 GMV aber ausgeschlossen sind. Im Gegenteil lässt der als Kompensation für das vorgeschaltete Widerspruchsverfahren gewährte Entschädigungsanspruch vielmehr auf ein rechtmäßiges Handels des Benutzers schließen.

Zu keinem anderen Ergebnis führt ein Vergleich mit Patentanmeldungen. Art. 67 Abs. 2 EPÜ und Art. 9 Abs. 3 S. 2 GMV zeigen, dass man sich bzgl. der Vorwirkungen europaweit nur auf einen Entschädigungs-, nicht aber auf einen Unterlassungsanspruch, einigen konnte.

Auch aus Art. 9 Abs. 1 lit. a der Durchsetzungsrichtlinie[258] ergibt sich nichts anderes, da nach Art. 2 Abs. 2 und 3 lit. a das materielle Recht gerade nicht Gegenstand der Durchsetzungsrichtlinie ist. Auch bestünde die Gefahr von Massenabmahnungen[259] und unterschiedlichen Entscheidungen von HABM und nationalen Gerichten.

Die neue EPV und das EPGÜ zeigen, dass auch im Jahre 2013 immer noch kein Einvernehmen hinsichtlich der Rechtsfolgen von Verletzungen gemeinschaftsweiter Schutzrechte möglich ist.[260] Wie die GMV regelt auch die EPV nach Eintragung/Erteilung ausschließlich einen gemeinschaftsweiten Unterlassungsanspruch.[261] Alle anderen Rechtsfolgen ergeben sich vielmehr nach nationalem Recht.[262]

Durch Art. 103 GMV soll vielmehr nur geregelt werden, dass die in der GMV

---

258 RL 2004/48/EG zur Durchsetzung der Rechte des geistigen Eigentums; ABl. L 195, S. 16 vom 02.06.2004.
259 Mit diesem Mittel ging etwa die FIFA gegen mittelständische Unternehmen vor, die z.B. »Weltmeister- oder EM/WM-Brötchen« verkaufen; FAZ vom 02.12.2005 »Vorsicht vor WM Brötchen«.
260 Art. 5 Abs. 1 EPV.
261 Weitere Regelungen in Artt. 25 ff. EPGÜ.
262 Vgl. *Schack*, FS Stürner, 1347 f.

gegebenen Ansprüche durch eine einstweilige Maßnahme gesichert werden können.[263] Dabei können die nach nationalem Recht bestehenden Verfahren genutzt werden.

Art. 9 Abs. 3 S. 3 GMV stellt aber klar, dass eine Entscheidung in der Hauptsache erst nach Veröffentlichung der Eintragung der Marke ergehen darf.

Die besseren Gründe sprechen daher dafür, Art. 103 GMV nicht als Grundlage für einen weitergehenden Schutz veröffentlichter Markenanmeldungen zu verstehen. Art. 9 Abs. 3 S. 2 GMV stellt vielmehr eine abschließende Regelung dar, die nicht auf dem Wege des einstweiligen Rechtsschutzes unterlaufen werden darf.

3.   Erweiterter Schutz durch nationales Recht

Einige Staaten gewähren in ihrem nationalen Recht mehr als einen bloßen Entschädigungsanspruch vor Eintragung der Marke.[264] Dadurch kam es in der Vergangenheit zu der Situation, dass Gemeinschaftsmarkengerichte auf der Basis ihres nationalen Rechts bei GM-Anmeldungen einstweilige Unterlassungsverfügungen erlassen haben.[265]

Grundsätzlich ist das nationale Recht des Forumstaates auf einstweilige Maßnahmen mit europaweiter Wirkung anzuwenden, Art. 103 Abs. 1 GMV. Dies kann aber nicht direkt auf einstweilige Maßnahmen bei GM-Anmeldungen übertragen werden, denn für Unterlassungsansprüche gilt ausschließlich Art. 9 Abs. 1 GMV, aus dem sich der Anspruch direkt ohne Rückgriff auf nationales Recht ergibt.[266]

Nach Art. 103 GMV ist zwar die GM-Anmeldung so zu behandeln wie eine nationale Anmeldung; das bedeutet aber nicht, dass das nationale Recht des Forumstaats das europäische Recht überlagert. Vielmehr ist das nationale Recht nur hilfsweise heranzuziehen, soweit das Gemeinschaftsmarkenrecht keine Regelung bereithält.

Die GMV gewährt allein und ausschließlich einen verschuldensunabhängigen Entschädigungsanspruch für Benutzungshandlungen vor Eintragung, die danach als Verletzungshandlungen verboten wären. Wenn ein nationales Recht, wie z. B. in Frankreich, Italien oder Dänemark, erweiterte Rechte vorsieht, wird dieses nationale Recht von der GMV überlagert. Dadurch kommt es zu der Situation, dass eine GM-Anmeldung nur nach der GMV geschützt wird, nach

---

263 So auch *Schricker/Bastian/Knaak*, S. 129.
264 Darunter Dänemark, Griechenland, Italien, Schweden.
265 So z. B. Tribunale di Modena, vom 09. 07. 1997; Tribunal do Comércio de Lisboa, 688/2000 u.
     543/2000; a. A. Tribunale di Napoli, vom 05. 11. 1998 mit Nachweisen bei *von Kapff*, in *Ekey/ Klippel*, Art. 99 Rn. 19 f.
266 *Halbsguth*, S. 232 und 248.

nationalem Recht aber deutlich weitergehende Ansprüche zur Verfügung
stünden. Diese erweiterten Rechte brechen sich aber an der *lex specialis* des
Art. 9 Abs. 3 S. 2 GMV.[267]

Die Entscheidungen der italienischen Gerichte,[268] die europaweit geltende
Unterlassungsansprüche schon vor Eintragung der GM zugesprochen haben,
sind daher nicht richtig. Es ist vielmehr hinzunehmen, dass aus einer nationalen
Anmeldung u. U. Unterlassungsansprüche hervorgehen können, aus einer GM-
Anmeldung jedoch nicht. Der EU-Gesetzgeber hat sich insoweit für eine
Vollharmonisierung auf einem eher niedrigen Niveau entschieden.

Unberührt bleiben Auskunfts- und Beweissicherungsansprüche, die unabhängig von Art. 9 Abs. 3 S. 2 GMV nach dem Recht des jeweiligen Forumstaats
geltend gemacht werden können, Artt. 6 ff. Durchsetzungsrichtlinie.[269]

Im Übrigen gelten für die Anerkennung diese europaweit wirkenden
Entscheidungen Artt. 33 ff. EuGVO.[270]

III.   Durchsetzung

1.   Internationale Zuständigkeit

Die Durchsetzung der Entschädigungsansprüche gestaltet sich etwas anders als
im Patentrecht. Grund hierfür sind die erfreulicherweise vorhandenen
Regelungen in Titel X der GMV, die zur Wahrung der Einheitlichkeit und
Vermeidung widersprüchlicher Entscheidungen geschaffen wurden.[271]

a)   *Gerichtsstand am Wohnsitz/ Niederlassung*
Nach Art. 96 lit. c GMV sind die Gemeinschaftsmarkengerichte ausschließlich
zuständig für Klagen wegen Handlungen i. S. d. Art. 9 Abs. 3 S. 2 GMV. International zuständig sind nach Art. 97 Abs. 1 GMV die Gerichte des Mitgliedstaates, in welchem der Beklagte seinen Wohnsitz, hilfsweise seine Niederlassung hat, weiter hilfsweise gemäß Art. 97 Abs. 2 GMV die Gerichte am Wohnsitz
oder der Niederlassung des Klägers. Der allgemeine Gerichtsstand des
Art. 2 EuGVO findet aufgrund der *lex specialis* der GMV keine Anwendung.

---

267 So auch *Bumiller*, S. 62, 85, 171 f.
268 Siehe oben Fn. 257.
269 *Halbsguth*, S. 249 ff. m. w. N.
270 *Eisenführ* in *Eisenführ/Schennen*, Art. 103, Rn. 4.
271 *Mühlendahl/Ohlgart*, S. 209.

b)   Gerichtsstand der Handlung i. S.v. Art. 9 Abs. 3 S. 2 GMV

Alternativ bestimmt Art. 97 Abs. 5 GMV, dass auch vor den Gerichten des Mitgliedstaates geklagt werden kann, in welchem die Handlung i. S.v. Art. 9 Abs. 3 S. 2 GMV begangen worden ist.[272] Abzustellen ist damit auf den Ort der konkreten (Teil-) Handlung, nicht aber auf einen – in allen EU-Mitgliedstaaten denkbaren – Erfolgsort.[273] Wenn (Teil-) Handlungen in mehreren Mitgliedstaaten begangen worden sind, hat der spätere Markeninhaber die freie Auswahl zwischen den Gerichten der jeweiligen Handlungsorte. Die unterschiedliche Expertise der einzelnen Gerichte kann hier den Kläger zu einem forum shopping animieren.[274] Auch der Zeitfaktor bis zur Entscheidung des Gerichts kann die Auswahl der internationalen Zuständigkeit beeinflussen.

Ein deutsches GM-Gericht darf in diesem »deliktischen« Gerichtsstand aber nur über Handlungen im Inland entscheiden. Diese begrenzte Kognitionsbefugnis folgt aus Artt. 97 Abs. 5, 98 Abs. 2 GMV. Negative Feststellungsklagen sind in diesem Gerichtsstand jedoch ausgeschlossen, Art. 97 Abs. 5 GMV.

c)   Gerichtsstand kraft Prorogation und rügeloser Einlassung

Die internationale Zuständigkeit kann sich auch aus einer Prorogation oder einer rügelosen Einlassung ergeben, Art. 97 Abs. 4 GMV. Doch können hier im Gegensatz zur EuGVO ausschließlich Gemeinschaftsmarkengerichte zuständig werden, die dann auch gemeinschaftsweite Entscheidungen treffen können.[275]

d)   Gerichtsstand bei Einwand der Nichtigkeit

Meist setzt sich der Beklagte gegen Verletzungsklagen mit dem Einwand der Nichtigkeit zur Wehr. Wenn die GM für nichtig erklärt wird, würde auch der Anspruch auf Entschädigung entfallen. Der Beklagte hat auch die Möglichkeit, Widerklage auf Erklärung des Verfalls oder Nichtigkeit zu erheben, Art. 99 Abs. 1 und 3 GMV.

Nach Art. 99 Abs. 3 GMV ist »der Einwand des Verfalls oder der Nichtigkeit der Gemeinschaftsmarke, der nicht im Wege der Widerklage erhoben wird, insoweit zulässig, als sich der Beklagte darauf beruft, dass die Gemeinschafts-

---

272 Das Gesetz spricht hier nicht nur von Verletzungshandlungen, sondern bezieht Handlungen nach Art. 9 Abs. 3 S. 2 GMV ausdrücklich mit ein.

273 Eine Unterscheidung zwischen Handlungs- und Erfolgsort ist wenig Sinnvoll, da jede tatbestandsmäßige Handlung zugleich auch eine Verletzung darstellt. Hierzu ausführlich: *Hopf*, MarkenR 2012, 229, 233 ff. m. w. N.

274 Zur Möglichkeit des forum shopping auch am Gerichtsstand der Streitgenossenschaft nach Art. 6 Nr. 1 EuGVO, vgl. *Schack*, FS Stürner, 1343 ff.; *Hopf*, MarkenR 2012, 229, 235 f.; *Eisenführ* in *Eisenführ/Schennen*, Art. 97, Rn. 12 ff.

275 *Bumiller*, ZIP 2002, 115, 116.

marke wegen mangelnder Benutzung für verfallen oder wegen eines älteren Rechts des Beklagten für nichtig erklärt werden könnte.«

Der Beklagte kann einen solchen Einwand also auch außerhalb einer Widerklage erheben. Diese Vorschrift zeigt zugleich, dass eine Widerklage in Verletzungsprozessen unter Geltendmachung des Entschädigungsanspruchs unbeschränkt, unter Berufung auf jedwede Verfalls- oder Nichtigkeitsgründe, zulässig ist.[276]

Wenn allerdings nur der Entschädigungsanspruch geltend gemacht wird und die GM noch nicht eingetragen ist, ist eine Widerklage denklogisch ausgeschlossen, da eine GM vor ihrer Entstehung nicht für nichtig erklärt werden kann.[277]

International zuständig für eine Widerklage ist das GM-Gericht der Hauptsache, Art. 96 lit. d GMV. Die Problematik des Art. 22 Nr. 4 EuGVO/ LugÜ kommt hier deshalb nicht zum Tragen.[278]

2.   Örtliche und sachliche Zuständigkeit

Welches GM-Gericht örtlich und sachlich zuständig ist, regelt die GMV nicht. Dies richtet sich vielmehr nach der *lex fori*, Art. 101 Abs. 3 GMV.[279] In Deutschland (§ 125e MarkenG) gibt es jeweils 18 erst- und zweitinstanzliche Gemeinschaftsmarkengerichte (LG / OLG).[280] Die örtliche Zuständigkeit folgt aus § 125 g MarkenG i. V. m. §§ 12 ff. ZPO. Soweit eine Zuständigkeit danach nicht begründet werden kann, greift der – dem deutschen Verfahrensrecht sonst fremde – Klägergerichtsstand, § 125 g S. 2 MarkenG.[281]

3.   Anwendbares Recht

Die Gerichte haben grundsätzlich die GMV anzuwenden und nur in dort nicht geregelten Fragen auf das jeweilige nationale Recht zurückzugreifen, Art. 101 Abs. 2 GMV. Leider sind die konkreten Ansprüche mit Ausnahme des Unterlassungsanspruchs bei Verletzung einer GM in der GMV nicht geregelt.[282] Damit kommt es zu einer unerfreulichen Zersplitterung der Rechtsfolgen. Der den Mitgliedstaaten bei der Ausgestaltung gelassene große Spielraum darf aber nicht

---

276 So auch *Knaak*, GRUR Int 2007, 386, 392.
277 *Eisenführ* in *Eisenführ/Schennen*, Art. 96 Rn. 8 GMV.
278 Zu ihr vgl. EuGH, Urteil vom 13. 07. 2006 – C-4/03 – GAT/LUK, in GRUR 2007, 49; *Schack*, Rn. 350.
279 *Anduleit*, S. 232; *Eisenführ* in *Eisenführ/Schennen*, Art. 97 Rn. 4.
280 *Eisenführ* in *Eisenführ/Schennen*, Art. 95 Rn. 7 GMV.
281 *Eisenführ* in *Eisenführ/Schennen*, Art. 97 Rn. 4 GMV.
282 Vgl. *Schack*, FS Stürner, 1347 f.

dazu führen, dass weitergehende Ansprüche vor Schutzentstehung aus dem jeweiligen nationalen Recht hergeleitet werden. Art. 9 Abs. 3 S. 2 GMV regelt den Entschädigungsanspruch insoweit abschließend.

Im Ergebnis ist diese Zersplitterung aber nicht so ausschlaggebend, da über Inhalt und Schranken der GM das Gemeinschaftsrecht bestimmt und sich die Verweisungen in Art. 102 Abs. 2 GMV sowie Art. 8 Abs. 2 Rom II – VO nur auf die Folgen einer Verletzung/Benutzung erstrecken.[283]

IV. Ergebnis

Dem GM-Anmelder steht nur ein Anspruch auf angemessene Entschädigung zu. Dieser Anspruch setzt voraus, dass die Marke später eingetragen wird. Nach dem klaren Wortlaut von Art. 9 Abs. 3 S. 2 GMV bestehen insbesondere keine Unterlassungsansprüche, auf deren Basis einstweilige Verfügungen ergehen könnten. Der gemeinschaftsrechtliche Entschädigungsanspruch verdrängt weitergehende nationale Ansprüche vor Eintragung.

Zur Berechnung der Entschädigung sind die Grundsätze der Lizenzanalogie heranzuziehen. Bei durch Benutzung des Zeichens während des Widerspruchsverfahrens verursachten Imageschäden ist ein Aufschlag nach den Grundsätzen des Marktverwirrungsschadens zu machen, soweit dieser nicht schon in die Lizenzkosten hinein gerechnet wurde. Dieser Aufschlag darf zusammen mit der Lizenzanalogie aber nicht den vollen Schadensersatz erreichen.

Böswilligen Verletzungen lässt sich mit den Mitteln des allgemeinen Zivilrechts begegnen. Allein in diesen Fällen ist ein voller Schadensersatzanspruch denkbar.

Durchsetzbar ist der Entschädigungsanspruch international am Wohnsitz bzw. der Niederlassung des Beklagten, alternativ in dem Mitgliedstaat, in dem die Benutzungshandlung begangen wurde.

B. IR-Marke

Für international agierende Unternehmen stellt sich häufig das Problem, die im Heimatland angemeldete oder eingetragene Marke auch über das Gebiet der EU hinaus international schützen zu lassen. Eine Möglichkeit wäre hier, das jeweilige Zeichen in jedem gewünschten Staat einzeln als Marke anzumelden. Da diese Möglichkeit nicht nur extrem aufwändig, sondern auch sehr teuer ist, wurde schon im Jahre 1891 das Madrider Markenabkommen geschlossen (MMA).

---

283 *Schack*, FS Kropholler, 655 f.

Hiernach kann Markenschutz durch eine einzige Anmeldung mit vergleichsweise geringen Gebühren erreicht werden.[284]

Durch dieses einheitliche Anmeldeverfahren erlangt der Anmelder allerdings
nur ein Bündel national wirkender Markenrechte mit den jeweiligen nationalen
Ansprüchen, die im Verletzungsfall vor den jeweiligen nationalen Gerichten
geltend gemacht werden müssen.

Obwohl das MMA schon über einhundert Jahre besteht, konnte es sich aus
mehreren Gründen nicht flächendeckend durchsetzen.

Das MMA lässt z. B. keine Gebührenerhebung der nationalen Ämter zu,
sodass viele Staaten in der Vergangenheit befürchteten, nicht kostendeckend
arbeiten zu können. Auch bestand die Angst, dass die nationalen Markenregister
von einer Flut von Markenhinterlegungen aus Vertragsstaaten überschwemmt
würden. Wie sich später herausstellte, war zumindest diese Befürchtung
unbegründet.[285]

Um diese mutmaßlichen Nachteile auszugleichen, wurde das MMA im Jahre
1996 durch das Protokoll zum Madrider Abkommen (PMMA) ergänzt.[286] MMA
und PMMA (»Madrider System«) stellen – wie das EPÜ und PCT im Patentrecht
– Sonderabkommen zur Pariser Verbandsübereinkunft dar.

Im Gegensatz zum MMA können im PMMA nicht nur Staaten, sondern auch
zwischenstaatliche Organisationen Mitglied sein (Artt. 1, 14 Abs. 1 lit. b
PMMA). Das hat den Vorteil, dass, wie beim PCT-Anmeldeverfahren ein europäisches Patent, durch eine internationale Registrierung nach PMMA eine Gemeinschaftsmarke beantragt werden kann. Weiter muss beim PMMA die sog.
nationale »Basismarke« nicht eingetragen, sondern nur beantragt sein (Art. 2
Abs. 1 PMMA), wodurch das Ungleichgewicht zwischen Hinterlegungs- und
Eintragungssystemen beseitigt wurde.

Ein dritter bedeutender Unterschied zum MMA ist, dass bei Verlust der IR-
Marke durch Verlust der Basismarke nach fünf Jahren eine Umwandlung der
internationalen Registrierung in jeweils nationale Marken in den benannten
Staaten möglich ist (Art. 9^{quinquies} PMMA). Die erste Schutzdauer beträgt aber im
Gegensatz zum MMA (Art. 6 Abs. 1) statt 20 nur 10 Jahre (Art. 6 Abs. 1 PMMA).
Die internationale Registrierung kann jeweils für einen weiteren Zeitraum von
10 Jahren durch Zahlung der Grundgebühr und weiterer Gebühren erneuert
werden, Art. 7 Abs. 1 PMMA.

Für die Vertragsstaaten ist das PMMA ebenfalls interessanter als das MMA.
Die Versagungsfrist kann von 12 auf 18 Monate angehoben werden, was den

---

284 Eine internationale Anmeldung lohnt sich finanziell oft schon bei 2 – 3 Erstreckungsstaaten.
285 *Krieger/Mühlendahl,* GRUR Int 1989, 734 f.; *Beier/Kur,* GRUR Int 1991, 677, 684 m.w.N.
286 Angenommen in Madrid am 27.06.1989; in Kraft getreten am 20.03.1996, BGBl. 1995 II
    1017.

jeweiligen nationalen Ämtern mehr Zeit verschafft. Auch besteht die Möglichkeit, individuelle Gebühren für die Anmeldung zusätzlich zu denen der WIPO zu erheben. Die Verfahrenssprache kann nach PMMA nicht nur Französisch, sondern auch Englisch oder Spanisch sein.

So ist es nicht verwunderlich, dass alle MMA-Vertragsstaaten auch PMMA-Vertragsstaaten sind[287] und die Zahl der PMMA-Staaten auch deutlich höher ist als die der MMA-Staaten.[288]

Aufgrund dieser Entwicklung wurde die sog. Sicherungsklausel des Art. 9[sexies] PMMA mit Wirkung zum 01.09.2008 geändert, sodass nun zwischen Vertragsstaaten, die sowohl dem PMMA als auch dem MMA angehören, anders als früher ausschließlich das PMMA gilt. Das MMA wird nur noch dann angewendet, wenn ein Erstreckungsstaat nicht dem PMMA angehört.

Die Umsetzung in §§ 107 – 118 des deutschen MarkenG geht demgegenüber noch vom Vorrang des MMA aus; §§ 119 – 125 MarkenG enthalten nur »Sonderregelungen« zum PMMA.[289]

I. Verfahren

Die behördlichen Verfahren des PMMA und des MMA laufen fast identisch ab. Die Anmeldung für eine internationale Registrierung muss bei der Behörde erfolgen, bei der auch die nationale Marke eingetragen (Art. 1 Abs. 2 MMA) bzw. angemeldet wurde (Art. 2 Abs. 1 PMMA) – bei deutschen Marken also beim DPMA, bei Gemeinschaftsmarken beim HABM. Die Behörde leitet dann den Antrag auf internationale Registrierung an die WIPO weiter, Art. 2 Abs. 2 PMMA. Die WIPO trägt das als Marke beantragte Zeichen sogleich in das Register ein.[290] Die internationale Registrierung erhält dabei das Datum, an dem das internationale Gesuch bei der Ursprungsbehörde eingegangen ist.[291]

Da die meisten Staaten den Markenschutz nicht ungeprüft gewähren, erhalten die jeweiligen Staaten nun die Möglichkeit, innerhalb von 12 Monaten (MMA) bzw. 12 oder 18 Monaten beim PMMA[292] die ihnen mitgeteilten international registrierten Marken auf Schutzfähigkeit zu überprüfen. Deutschland hat von

---

287 Mit Ausnahme von Algerien, das nur dem MMA angehört.
288 87 PMMA-Staaten (einschließlich der EU) gegenüber 56 MMA-Staaten.
289 *Ingerl/Rohnke*, vor §§ 107 – 125 Rn. 2.
290 Einzusehen unter http://www.wipo.int/romarin.
291 Sofern es innerhalb von 2 Monaten an die WIPO weitergeleitet wurde, Art. 3 Abs. 4 S. 2 PMMA.
292 Art. 5 Abs. 2b PMMA – 18 Monate in folgenden Ländern: Australien, China, Dänemark, Estland, Finnland, Ghana, Griechenland, Großbritannien, Iran, Irland, Israel, Italien, Kenia, Kolumbien, Korea, Litauen, Norwegen, Philippinen, Schweden, Singapur, Syrien, Türkei, Ukraine, USA, Zypern.

dieser Möglichkeit mit § 113 MarkenG Gebrauch gemacht und prüft die Marken genau wie nationale Markenanmeldungen bzgl. der Schutzvoraussetzungen, §§ 113 Abs. 1; 124 MarkenG.

Eine Schutzverweigerung ist international allerdings nur aus den Gründen des Art. 6bis PVÜ zulässig.[293]

Sollten die jeweiligen Staaten innerhalb der Frist von 12 oder 18 Monaten zu dem Ergebnis kommen, dass mindestens ein Versagungsgrund gegeben ist, müssen sie innerhalb dieser Frist eine (vorläufige) Schutzverweigerung erklären.

An die amtliche Prüfung schließt sich – je nach dem anwendbaren Recht des Staates – noch ein Widerspruchsverfahren an, § 114 MarkenG.

Wenn der Schutz in einem Land endgültig nicht gewährt werden kann, teilt die nationale / regionale Behörde dies der WIPO mit. Der Schutz in diesem Staat / der Region gilt dann als nicht eingetreten (für Deutschland §§ 112 Abs. 2, 124 MarkenG; bei Gemeinschaftsmarken Art. 151 Abs. 2 GMV). Die partielle Schutzverweigerung berührt den Schutz anderer Länder im Gegensatz zur GM-Anmeldung jedoch nicht.[294]

II.   Schutzsystem

Die Wirkung der internationalen Registrierung richtet sich nach Art. 4 Abs. 1 PMMA und MMA, die materiell-rechtlich durch das jeweilige nationale / regionale Recht ausgestaltet werden.

1.   MMA

Nach Art. 4 MMA ist ab dem Zeitpunkt der internationalen Registrierung die Marke in jedem der benannten Vertragsstaaten ebenso geschützt, als wäre sie dort unmittelbar hinterlegt worden. Lange Zeit wurde diskutiert, wie das Wort »hinterlegt« zu interpretieren sei. Schließlich kannten in Deutschland weder das Warenzeichengesetz noch das neue Markengesetz diesen Begriff. Auch steht das Wort nicht direkt für »angemeldet« oder »eingetragen«.

Schon zum alten Warenzeichengesetz ging die h.L. davon aus, dass mit der internationalen Registrierung die vollen Wirkungen eintreten, d.h. die Hinterlegung rechtsbegründend wirken solle.[295] Dieser Ansicht ist der Gesetzgeber

---

293 Näheres regelt die »Gemeinsame Ausführungsordnung zum Madrider Abkommen über die internationale Registrierung von Marken und zum Protokoll zu diesem Abkommen« (GAusfO); *Ingerl/Rohnke,* § 113 Rn. 4 ff. m.w.N.
294 Zur Gemeinschaftsmarke s. oben S. 63 ff.
295 *Busse/Stark,* Warenzeichengesetz, Art. 4 MMA Rn. 1.

gefolgt und hat § 112 Abs. 1 MarkenG eindeutig so gefasst, dass die internationale Registrierung einer Marke, deren Schutz auf Deutschland erstreckt worden ist, dieselbe Wirkung hat, wie wenn die Marke am Tag der Registrierung beim DPMA *angemeldet und eingetragen worden wäre*. Hinterlegt bedeutet daher »eingetragen« und sollte nur den verschiedenen Markensystemen (Anmelde- oder Eintragungssystem) gerecht werden.[296]

Für die Priorität entscheidend ist das Datum der Anmeldung bei der Ursprungsbehörde, Art. 3 Abs. 4 S. 2 MMA. Anmeldung und Schutzentstehung fallen somit zum Zeitpunkt der Erstreckung fiktiv zusammen,[297] §§ 108, 112 MarkenG, d. h. der Anmelder erhält ab dem Tag der internationalen Registrierung auflösend bedingten Schutz.

Damit bevorzugt das MMA-System den Anmelder bei Erstreckung des Markenschutzes durch internationale Registrierung gegenüber dem Anmelder einer reinen nationalen Markenanmeldung, da die Anmeldung in Deutschland nur den Zeitvorrang begründet (§ 6 Abs. 2 MarkenG), die Schutzwirkungen aber erst mit Eintragung (§ 4 Nr. 1 MarkenG) beginnen.[298]

In Art. 4 MMA ist damit ein System rückwirkender Schutzversagung installiert, wodurch der Anmelder im höchsten Maße geschützt wird. Er erhält (auflösend bedingt) die gleichen Rechte, die er bei Eintragung in den jeweiligen Staaten hätte. Damit bedarf es auch keines zusätzlichen Schutzes ab Veröffentlichung, denn durch die Erstreckung des Schutzes auf andere Vertragsstaaten besteht ab dem Datum des Erstreckungsantrags auflösend bedingter Vollschutz. Gegen Benutzungshandlungen Dritter kann sich der Markeninhaber dann direkt mit den von der jeweiligen nationalen Rechtsordnung zur Verfügung gestellten Mitteln wehren.

Aber auch hier stellt sich das Problem des rückwirkenden Wegfalls des vorläufigen Schutzes (§ 945 ZPO),[299] da nur derjenige profitieren würde, der sich erst durch eine einstweilige Verfügung zur Unterlassung gezwungen sieht.[300] Er kann bis dahin nicht nur Gewinn aus der Benutzungshandlung erwirtschaften, sondern bei einer rückwirkenden Versagung sogar noch Schadensersatzansprüche geltend machen. Hingegen geht derjenige leer aus, der sich gesetzestreu verhalten und das Schutzrecht respektiert hat.

---

296 *Fezer*, MMA Art. 4 Rn. 1.
297 *Ingerl/Rohnke*, § 112 Rn. 2.
298 *Kober-Dehm* in *Ströbele/Hacker*, § 112 Rn. 1.
299 Siehe oben S. 25.
300 *Pietzcker*, GRUR 1980, 442, 443 f.

2.   PMMA

Das Schutzsystem des PMMA unterscheidet sich nicht sonderlich vom MMA.[301]
Inhalt und Umfang des Schutzes bestimmen sich auch nach dem PMMA nach
nationalem Recht. Deutschland verweist in §§ 119, 124 MarkenG nur auf die
Regelungen des MMA. Eine PMMA-Registrierung, die nach Wegfall der Siche-
rungsklausel (Art. 9[sexies] PMMA) nun zum Regelfall geworden ist, wird in
Deutschland danach genauso behandelt wie eine MMA-Registrierung, erhält
also vorwirkenden Schutz, der nach Schutzrechtsversagung wieder entfällt,
§§ 124, 112 Abs. 2 MarkenG. Eine Schutzerstreckung auf die Bundesrepublik
Deutschland ist also auch unter dem PMMA besser gestellt als eine direkte
Markenanmeldung in Deutschland.

3.   IR-Anmeldung einer Gemeinschaftsmarke – PMMA

Besonders relevant ist die PMMA-Erstreckung auf Gemeinschaftsmarken. Der
GM-Gesetzgeber hat die internationale Registrierung in Titel XIII der GMV
geregelt, die mangels »Hinterlegung« im GM-System auch nur die Wirkung einer
Anmeldung haben kann.

Nach Eingang der internationalen Registrierung beim HABM wird diese
direkt noch einmal durch das HABM nachveröffentlicht, Art. 152 Abs. 1 GMV.[302]
Nach Art. 151 Abs. 1 GMV hat die internationale Registrierung gleichzeitig die
Wirkung einer Anmeldung der GM und nach Art. 151 Abs. 3 GMV die gleiche
Wirkung wie eine veröffentlichte Gemeinschaftsmarkenanmeldung. Daher steht
dem Anmelder ab dem Datum der (ersten) Nachveröffentlichung durch das
HABM der Entschädigungsanspruch gemäß Art. 9 Abs. 3 S. 2 GMV zu.[303]

Nach der ersten Nachveröffentlichung wird die internationale Anmeldung
zur Recherche gegeben und die Anmeldung auf absolute Eintragungshindernisse geprüft.[304] Widersprüche gegen internationale Registrierungen können
nach Ablauf von sechs Monaten ab dem Datum der ersten Nachveröffentlichung
innerhalb von drei Monaten beim HABM eingereicht werden.

Soweit der Eintragung keine absoluten Schutzhindernisse entgegenstehen
und auch kein Widerspruch eingelegt wurde, versendet das HABM nach Regel
116 GMDV[305] eine Mitteilung der Schutzgewährung an die WIPO.

---

301 Zum zweistufigen Schutzsystem des Art. 4 PMMA siehe *Schlei*, S. 78 f. m. w. N.
302 Die erste Veröffentlichung geschieht bereits durch die WIPO.
303 Zum Entschädigungsanspruch s. oben S. 65 ff.
304 Richtlinien für die Verfahren vor dem Harmonisierungsamt im Binnenmarkt, Endgültige
      Fassung 25. 11. 2004, Teil B. S. 27.
305 VO (EG) 2868/95 = Gemeinschaftsmarkendurchführungsverordnung (GMDV), EG-ABl. L
      303 S. 1.

Hieran schließt sich die zweite Veröffentlichung durch die WIPO und Nachveröffentlichung durch das HABM an (Art. 152 Abs. 2 GMV). Erst ab dem Tag der zweiten Nachveröffentlichung treten dann die vollen Schutzwirkungen der GM ein, Art. 151 Abs. 3 a.E. GMV.

Der volle Schutz der GM tritt somit entgegen der verwirrenden Formulierung des Art. 151 GMV erst nach dem Prüfungs- und Widerspruchsverfahren durch das HABM ein, Art. 151 Abs. 1 und 3 GMV. Gegenüber Dritten wirkt die GM erst ab dem Tag der zweiten Nachveröffentlichung im GM-Blatt, nicht schon mit Veröffentlichung in der WIPO-Gazette.[306]

Die Erstreckung des Markenschutzes auf die EU durch eine internationale Registrierung ist somit nicht so durchsichtig wie erhofft. Insbesondere ist der Anmelder bis zum Ablauf des Widerspruchsverfahrens vor dem HABM auf einen Entschädigungsanspruch beschränkt (Art. 9 Abs. 3 S. 2 GMV) über den allerdings – wie bei einer direkten GM-Anmeldung – erst nach Markeneintragung beim HABM entschieden werden kann.

Der Anmelder erhält also keinen vorwirkenden Vollschutz, sondern nur die gleichen Rechte, die er bei einer direkten GM-Anmeldung hätte.

Da die materiell-rechtliche Ausgestaltung dem Recht der jeweiligen Vertragsstaaten obliegt, kommt es zur kuriosen Situation, dass auch unter dem PMMA eine Schutzerstreckung auf Deutschland oder die Schweiz unmittelbar wie eine Markeneintragung wirkt,[307] während eine Schutzerstreckung auf das Gebiet der EU – bis zur Klärung einer etwaigen Schutzverweigerung – nur die Wirkung einer veröffentlichten Gemeinschaftsmarkenanmeldung hat (Art. 151 Abs. 1 GMV)[308] und der Anmelder hier auf einen Entschädigungsanspruch verwiesen bleibt.

III.   Durchsetzung

Das MMA und PMMA wollten nur die Anmeldung von Marken international vereinfachen. Es entsteht im Gegensatz zur GMV nur ein Bündel jeweils national wirkender Marken. Gegen Verletzungen dieser nationalen Marken ist vor den jeweiligen nationalen Gerichten zu klagen. Regelungen zur internationalen Zuständigkeit gibt es im (P)MMA daher ebenso wenig wie im EPÜ und PCT. Damit ist auf die allgemeinen Regelungen der EuGVO und des LugÜ zurückzugreifen.[309]

---

306 *Schennen* in *Eisenführ/Schennen*, Art. 151 Rn. 10.
307 §§ 112 Abs. 1, 124, 119 Abs. 1 MarkenG bzw. Art. 46 MarkenG CH.
308 So auch *Bösling*, GRUR 2012, 570 Fn. 7.
309 Siehe oben S. 38 und 29 ff.

Wenn allerdings durch die internationale Registrierung nach PMMA eine GM beantragt bzw. erworben wurde, sind die Zuständigkeitsregeln der GMV anzuwenden.[310]

IV.   Ergebnis

Markeninhaber und -anmelder werden bei der Erstreckung des Schutzes auf MMA-Vertragsstaaten durch die internationale Registrierung sehr gut geschützt. Die internationale Registrierung wirkt – vorbehaltlich einer rückwirkenden Schutzversagung – rechtsbegründend.[311] Mit dem Datum des Antrags auf internationale Registrierung erhält der Anmelder in den benannten Staaten einstweilen Vollschutz.

Auch bei Anwendung des PMMA erhält der Anmelder mit Erstreckung des Markenschutzes auf Deutschland direkt Vollschutz.[312] Inhalt und Umfang der Rechte bestimmen sich jeweils nach nationalem Recht.

Wenn durch eine internationale Registrierung eine Gemeinschaftsmarke erlangt werden soll (PMMA), hat die Registrierung nur die Wirkung einer GM-Anmeldung. Damit steht der Markenanmelder aber nicht unbedingt schlechter, denn er erhält zumindest einen Entschädigungsanspruch für den Zeitraum zwischen erster und zweiter Nachveröffentlichung durch das HABM, Art. 151 Abs. 3 GMV. Schutzerstreckungen auf die EU werden demnach genauso behandelt wie direkte GM-Anmeldungen. Insbesondere sind die Urteile der europäischen Gerichte zur GM-Anmeldung direkt auf die Schutzerstreckung nach PMMA mit EU-Bestimmung übertragbar.

C.   Deutsche Marke

Die deutsche Marke ist aufgrund zunehmender internationaler Konkurrenz stark unter Druck. Die Zahl der Anmeldungen ging 2011 um 7,3 % im Vergleich zum Vorjahr zurück, und 2012 noch einmal um 6,6 %. Die Zahl der internationalen Schutzgesuche für Deutschland durch internationale Registrierungen nahm sogar um 12 % im Jahre 2012 ab.[313] Diese Tendenz liegt vor allem an der

---

310 Siehe oben S. 74 ff.
311 *Fezer*, MMA Art. 4 Rn. 1.
312 Zum Problem des eigentlich zweistufigen Schutzsystems des Art. 4 PMMA vgl. *Schlei*,
     S. 78 f.
313 Vergleich zum Vorjahr 2011: presse.dpma.de.

immer stärkeren europäischen Ausrichtung deutscher Unternehmen, die markenstrategisch die GM bevorzugen.[314]

Trotzdem ist die Marke das zahlenmäßig mit Abstand häufigste gewerbliche Schutzrecht in Deutschland.[315] Jährlich gehen über 56 000 neue Anträge beim DPMA ein. Umso wichtiger ist es daher, dass das deutsche MarkenG einen effektiven Rechtschutz für Markenanmelder bietet.

Das derzeit geltende MarkenG löste am 01.01.1995 das bis dahin geltende WZG von 1968 ab.[316] Der deutsche Gesetzgeber hatte die erste Richtlinie des Rates zur Angleichung der Rechtsvorschriften der Mitgliedstaaten über die Marken[317] zum Anlass genommen, das Markenrecht in Deutschland komplett neu auszurichten. Es wurde nicht nur die Zersplitterung der markenrelevanten Normen beseitigt, sondern auch die freie Übertragbarkeit der Marke sowie die Dinglichkeit der Markenlizenz eingefügt.[318]

I.   Sanktionen zwischen Veröffentlichung und Eintragung

Der Markenschutz in Deutschland entsteht nicht durch schlichte Benutzung. Vielmehr muss, wie bei allen anderen hier besprochenen Schutzrechten, grundsätzlich[319] ein behördliches Verfahren durchlaufen werden, das je nach Art des als Marke einzutragenden Zeichens mehrere Monate, in manchen Fällen auch Jahre, dauern kann. Die Anmeldung kann online gegen Zahlung von derzeit 290 Euro[320] vorgenommen werden.

1.   Alte Rechtslage

Bevor die Veröffentlichung von Markenanmeldungen eingeführt wurde (1998), prüfte das DPMA die Anmeldung auf Einhaltung der formellen Anmeldungs-erfordernisse (§ 37 MarkenG) und auf das Bestehen absoluter Schutzhindernisse (§ 38 MarkenG). Wenn die Anmeldung den Anmeldeerfordernissen entsprach

---

314 Die Zahl der GM-Anmeldungen aus Deutschland steigt jedes Jahr kontinuierlich an. Statistik unter http://oami.europa.eu/ows/rw/pages/OHIM/statistics.de.do.
315 DPMA Bestand von 784 820 eingetragenen Marken.
316 MarkenG vom 25.10.1994, BGBl. I 3082.
317 MRRL 89/104/EWG, EG-ABl. L 40 vom 11.02.1989, S. 1.
318 Vgl. *Fezer*, A. II. Rn. 32.
319 Markenschutz entsteht nach § 4 Nr. 2 und 3 MarkenG auch durch die Benutzung eines Zeichens im geschäftlichen Verkehr, sobald das Zeichen innerhalb der beteiligten Ver-kehrskreise als Marke Verkehrsgeltung erworben hat, oder bei i.S.d. Art. 6bis PVÜ noto-rischen Bekanntheit einer Marke. Dieser Markenschutz spielt in diesem Zusammenhang mangels Eintragung in das Register allerdings keine Rolle.
320 Einschließlich der Klassengebühr für bis zu drei Klassen; Gebühren unter www.dpma.de.

und auch keine absoluten Schutzhindernisse vorlagen, wurde die Marke in das Register eingetragen und veröffentlicht, § 41 MarkenG.

Eine Veröffentlichung vor diesem Zeitpunkt war nicht vorgesehen. Die Anmeldung blieb bis zur Entstehung des vollen Markenschutzes nach § 4 Nr. 1 MarkenG geheim. Daher bedurfte es nach altem Recht auch keines einstweiligen Schutzes, wie er z. B. in § 33 PatG oder § 37 Abs. 3 SortSchG besteht. Mangels Veröffentlichung der Anmeldung bestand hierfür kein Grund.[321]

2.   Rechtslage seit dem HRefG 1998

Das änderte sich mit der Einfügung des Abs. 3 in § 33 MarkenG durch das HRefG vom 22.06.1998.[322]

§ 33 Abs. 3 MarkenG lautet: »Die Anmeldung einer Marke, deren Anmeldetag feststeht, wird einschließlich solcher Angaben veröffentlicht, die es erlauben, die Identität des Anmelders festzustellen.«

Das DPMA veröffentlicht demgemäß alle Anmeldungen, deren Anmeldetag feststeht, sobald also alle erforderlichen Unterlagen beim DPMA eingereicht wurden.[323] Diese Veröffentlichungen sind im »DPMAregister«[324] einsehbar.

Das DPMAregister ist eine über das Internet kostenlos zugängliche Datenbank, über die sich die tagesaktuellen Rechtsstände der vom DPMA verwalteten Schutzrechte abfragen lassen. Derzeit[325] sind 17 488 im Jahre 2013 angemeldete Zeichen, für die Markenschutz beantragt, aber noch nicht erteilt wurde, im DPMAregister online einsehbar.[326] Die jüngste veröffentlichte Anmeldung liegt jeweils nur wenige Tage zurück.[327]

Damit ist es jedermann möglich, die neuesten Markenanmeldungen einzusehen und sich frei an diesen Wort- und Bildmarken zu bedienen. Natürlich kann auch direkt nach einem Konkurrenten als Markeninhaber oder Anmelder gesucht werden, um ganz legal Kenntnis von dessen neuesten Marken-

---

321 Das verkennt *Hofmann*, GRUR Int 2010, 376 ff., der eine planwidrige Regelungslücke verneint, weil der Gesetzgeber 1994 keinen Entschädigungsanspruch in das Gesetz eingefügt habe. Dazu bestand aber ohne die erst 1998 eingeführte Veröffentlichung gar kein Grund.

322 Gesetz zur Neuregelung des Kaufmanns- und Firmenrechts und zur Änderung anderer handels- und gesellschaftsrechtlicher Vorschriften (Handelsrechtsreformgesetz, HRefG), BGBl. I 1474 – ohne jegliche Kritik *Kramer* in *Ekey/Klippel/Bender*, § 33 Rn. 10 ff.

323 §§ 33 Abs. 1, 32 Abs. 2 MarkenG.

324 https://register.dpma.de.

325 Online-Abruf vom 30.12.2013.

326 Expertenrecherche unter register.dpma.de: »DB = DE UND AT > 01.01.2013 UND BA = anmeldung«.

327 Suche nach: »DB = DE UND AT > 01.11.2013 UND BA = anmeldung«, wobei das Datum beliebig angepasst werden kann. So ist es möglich, die aktuellsten Anmeldungen direkt online einzusehen.

anmeldungen zu erlangen. Das erlaubt in manchen Fällen Rückschlüsse z. B. auf neue Produkte oder Produktreihen bzw. Dienstleistungen.[328]

Es ist auch möglich, diese Kenntnis von Markenanmeldungen zur gezielten Schädigung des Anmelders auszunutzen. In vielen Fällen kann die Nutzung einer ähnlichen Gestaltung zur angemeldeten Wort- oder Bildmarke ausreichen, um die Markenstrategie des Anmelders, z. B. durch Belegung des Zeichens mit einem anderen Image, zu zerstören. Hierbei ist es nicht unbedingt erforderlich, ein identisches Zeichen zu verwenden. Es reicht aus, ein ähnliches Zeichen zu benutzen und dieses mit einem anderen oder gar einem negativen Image zu belegen. Der Anmelder kann dann unter Umständen sein Zeichen nicht mehr nutzen, da die betroffenen Verkehrskreise das Zeichen mit dem zuvor genutzten Zeichen assoziieren.

Durch die Veröffentlichung wird also nicht nur das Geheimhaltungsinteresse des Anmelders zerstört, er kann in Extremfällen auch ganze Werbe- und Imagekampagnen abschreiben.

Damit stellt sich die Frage, inwieweit der Anmelder vor solchen Handlungen Dritter geschützt wird. In krassen Fällen mag eine sittenwidrige Schädigung (§ 826 BGB) oder ein Verstoß gegen den unlauteren Wettbewerb (§§ 3, 4 Nr. 10 UWG) gegeben sein. Bei zielgerichtetem Verhalten wäre auch an einen Eingriff in den eingerichteten und ausgeübten Gewerbebetrieb zu denken (§ 823 Abs. 1 BGB), ggf. auch an Kreditgefährdung (§ 824 BGB).[329]

Problematisch wird es jedoch, wenn der Dritte weder vorsätzlich den Anmelder schädigen wollte, noch unlauter gehandelt hat. Hier existiert nach deutschem Recht kein Schutz für den Markenanmelder, weder nach der MarkenV,[330] dem MarkenG noch mittelbar durch die MarkenRL.[331]

Einen Ansatzpunkt könnte bei Bildmarken nur das Urheberrecht bieten, das mit der Schöpfung direkt entsteht und bei entsprechender Schöpfungshöhe Abwehransprüche gegen Dritte vorsieht (§ 97 UrhG). Simple Zeichen werden jedoch kaum die nötige Schöpfungshöhe von § 2 Abs. 2 UrhG erreichen.

In anderen Ländern sieht es für den Anmelder zum Teil deutlich besser aus. In Dänemark z. B. wird auch im Zeitraum zwischen Anmeldung und Registrierung der Marke ein verschuldensabhängiger Entschädigungsanspruch sowie Ersatz weiteren Schadens gewährt.[332]

---

328 So ließe sich von der fiktiven Marke »iTV«, angemeldet von Apple Inc., auf einen neu entworfenen Fernseher schließen.

329 Handlungen, die keine Wettbewerbshandlung i. S. d. § 2 Abs. 1 Nr. 1 UWG darstellen, unterliegen allein dem allgemeinen Deliktsrecht.

330 Markenverordnung vom 11.05.2004 (BGBl. I 872).

331 Richtlinie 2008/95/EG des europäischen Parlaments und des Rates vom 22.10.2008, EG-ABl. L 299, S. 25.

332 § 43 Abs. 1 und 4 Varemærkerloven. nr 90 vom 28.01.2009.

Auch Finnland kennt solche Sanktionen. Nach Art. 40 Abs. 2 finn. MarkenG besteht ein Anspruch auf Schadensersatz bei Benutzungshandlungen vor Eintragung der Marke. Bei nur leichtem Verschulden kann der Anspruch auf eine angemessene Entschädigung reduziert werden, Art. 38 Abs. 3 finn. MarkenG.

Weitere Ansprüche vor Eintragung / Registrierung kennen etwa Frankreich[333], England[334], Irland,[335] Italien[336], Spanien[337], Tschechien[338], Schweden[339], Malta[340], die Benelux-Staaten[341], Südkorea[342] und die VR China[343].

In den meisten Fällen werden Entschädigungsansprüche, aber auch Schadensersatzansprüche, bis hin zu einstweiligen Unterlassungsansprüchen vor Eintragung gewährt. Anknüpfungspunkt ist dabei nicht immer die Veröffentlichung der Marke, sondern auch die Stellung des Antrags auf Markeneintragung.

Fast immer kann der Anspruch aber erst nach positiver Entscheidung über die Eintragung der Marke durchgesetzt werden.

Häufig sind auch zusätzliche Erfordernisse notwendig. So muss in Südkorea der Anmelder dem mutmaßlichen Benutzer zunächst einen Warnbrief (Abmahnung) zukommen lassen. Das kann auch schon vor der Veröffentlichung der Anmeldung geschehen (Art. 24–2 Abs. 1 südkor. MarkenG). Wenn die Abmahnung versandt wurde und die Benutzung des angemeldeten Zeichens dennoch nicht eingestellt wird, kann der Anmelder nach Eintragung der Marke eine Entschädigung verlangen (Art. 24–2 Abs. 2 und 3 südkor. MarkenG).

---

333 Art. L. 716–2, 712–1, 713 Code de la propriété intellectuelle: Verfolgung nach Zusendung des Antrags auf Eintragung an den Benutzer, Anspruch auf Schadensersatz.
334 Sec. 9 Abs. 3, 40 Abs. 3 Trade Marks Act UK: Anspruch auf Schadensersatz.
335 Sec. 13 Abs. 3 und 4a, Sec. 45 Abs. 3 Trade Marks Act Ireland (No 6, 1996): Wirkung des Markenrechts ab Eintragung mit Datum des Antrags (rückwirkend). Verletzungsprozesse erst ab Veröffentlichung der Eintragung möglich.
336 Artt. 131, 15 Abs. 1 Codice della proprietà industriale (decreto legislativo vom 10. 02. 2005, n. 30): Wirkung der Eintragung ab Hinterlegung; einstweilige Unterlassungsverfügung damit auch für noch nicht eingetragene Marken.
337 Art. 38 Ley N° 17/2001 de Marcas: angemessene Entschädigung vor Eintragung; Durchsetzung erst nach Eintragung der Marke möglich (Abs. 4).
338 Kap. II § 8 Abs. 5 Zákon č. 441/2003: Schadensersatz ab Veröffentlichung der Marke; Urteil erst nach Eintragung der Marke.
339 Kap. 8 § 5 Varumärkeslag (2010:1877): Schadensersatz nur für vorsätzliche Benutzungen des angemeldeten Zeichens.
340 Art. 37 Abs. 3 Att Dwar It-Trademarks (Kap. 416): datiert das Datum der Eintragung der Marke auf das Datum des Antrags zurück. Dieses Datum gilt als Anknüpfungspunkt. Durchsetzung erst ab Datum der faktischen Registrierung, Art. 9 Abs. 3.
341 Art. 2.21 Abs. 6 Benelux-Verdrag inzake de intellectuele eigendom (zuletzt geändert am: 01. 12. 2006): angemessene Entschädigung zwischen Veröffentlichung und Eintragung. Durchsetzbar nach Eintragung.
342 Art. 24–2 südkor. MarkenG, vom 28. 11. 1949, zuletzt geändert am 02. 12. 2011: angemessene Entschädigung nach Warnung.
343 Art. 34 Abs. 3 chin. MarkenG vom 23. 08. 1982: identische Regelung wie Art. 9 Abs. 3 GMV; einstweiliger Schutz beginnt mit Widerspruchsphase vor Eintragung.

Südkorea hat auf diese Weise ein interessengerechtes System zum Schutz der veröffentlichten Markenanmeldungen geschaffen. Die Verschuldensproblematik lässt sich durch die gesetzlich notwendige Abmahnung weitgehend vermeiden. Dem Benutzer muss vor allem nicht unterstellt werden, er habe die Lage nicht ausreichend überwacht und sich damit zumindest fahrlässig verhalten.[344] Auch die Sanktion in Form einer Entschädigung für den wirtschaftlichen Verlust ist angemessen. Durch die vorgehende Abmahnung wäre sogar ein Schadensersatzanspruch vertretbar, da die fortgesetzte Benutzung ab diesem Zeitpunkt vorsätzlich erfolgt.[345]

In Deutschland dagegen werden einfache Nutzungshandlungen auch bei Kenntnis des Nutzers bis zur Eintragung des Zeichens in das Markenregister nicht sanktioniert. Einen (Entschädigungs-) Anspruch, wie er in der GMV, dem EPÜ oder dem PatG und SortSchG besteht, ist im MarkenG nicht vorgesehen.

Gerade mit Blick auf den Investitionsschutz, der bei Titelschutzanzeigen sogar zu einstweiligen Vollrechtswirkungen führen soll,[346] ist diese Situation für den Anmelder mehr als ärgerlich.

Mit § 33 Abs. 3 MarkenG wurde 1998 die Veröffentlichung der Anmeldung eingeführt, aber kein Ausgleichsanspruch.

Die Literatur setzt sich mit § 33 Abs. 3 MarkenG nicht näher auseinander.[347] Teilweise wird auch heute noch verkannt, dass Markenanmeldungen veröffentlicht werden.[348] Meist wird nur darauf hingewiesen, dass in Deutschland kein Entschädigungsanspruch für Markenanmelder besteht.[349]

Insbesondere wird nicht hinterfragt, warum der Gesetzgeber dem Anmelder das gesamte Risiko der Veröffentlichung aufbürdet. Gerade mit Blick auf das PatG ist es kaum erklärbar, wieso trotz Veröffentlichung der Anmeldung kein Schutz gewährt wird, da dieselbe Situation im Jahre 1967 bei Einführung der Veröffentlichung von Patentanmeldungen für heftige Diskussionen in Politik, Wirtschaft und Literatur gesorgt hatte.[350]

Eine tiefergehende Untersuchung ist daher an dieser Stelle nachzuholen. Insbesondere ist zu untersuchen, weshalb der Gesetzgeber § 33 Abs. 3 MarkenG schaffen wollte und vor allem, warum er dabei keinen Ausgleich für schuldhafte Nutzungshandlungen des angemeldeten Zeichens installiert hat.

---

344 BGH GRUR 1977, 598 – Autoscooter.
345 Wenn nach deutschem Verständnis die Benutzung rechtswidrig wäre.
346 Hierzu unten S. 94 ff.; *Sack* S. 100.
347 Vgl. *Kirschneck* in *Ströbele/Hacker*, § 33 Rn. 3 f.; *Fezer*, § 33 Rn. 10 ff.; *Ingerl/Rohnke*, § 33 Rn. 4; *Kramer* in *Ekey/Klippel/Bender*, § 33 Rn. 10 ff.
348 Etwa von *Hartmann*, S. 117.
349 So z. B. *Pierson/Ahrens/Fischer*, § 45 IV 1; *Rohnke*, GRUR Int 2002, 979, 981; *Hartmann*, S. 117.
350 Siehe oben zum Patent S. 46 ff.

Dass dieses Problem auch in Deutschland virulent werden kann, liegt bei der hohen Anzahl der angemeldeten und noch nicht eingetragenen Zeichen[351] und angesichts der Diskussion zu Titelschutzanzeigen[352] auf der Hand.

a)   Entstehung von § 33 Abs. 3 MarkenG

aa)   HRefG Entwurf von 1997
Der Gesetzesentwurf der Bundesregierung zum HRefG[353] enthielt noch keine Regelungen über die Veröffentlichung von Markenanmeldungen. Ziel des Gesetzesvorhabens war es, das geltende Handels- und Gesellschaftsrecht zugunsten einer größeren Handlungsfreiheit der Unternehmen zu deregulieren und zu vereinfachen.[354] Dass hieraus eine Regelung im Markenrecht entstehen könnte, insbesondere eine Regelung zur Veröffentlichung, ist nach der Zielsetzung des Gesetzes eher überraschend.

bb)   Rechtsausschuss
Erst der Rechtsausschuss fügte am 25.03.1998 einen Art. 13a in die Entwurfsfassung ein. Ausgangspunkt seiner Überlegungen war: »Bei der am Markenschutz interessierten Wirtschaft besteht ein dringendes Interesse an der Veröffentlichung von beim Deutschen Patentamt angemeldeten Marken schon vor deren Eintragung«.[355]

In der Beschlussempfehlung geht der Rechtsausschuss auf die näheren Beweggründe ein. Dort heißt es: »In Bezug auf spätere Anmeldungen stellen die bis zur Veröffentlichung ihrer Eintragung unbekannt bleibenden Marken ein erhebliches Konfliktpotential dar, weil zeitlich früher angemeldete Marken Vorrang haben vor späteren Anmeldungen. Durch unerwartet im Register auftauchende Marken können nachträglich ganze Marken und Marketingstrategien zunichte gemacht werden, was für die Anmelderschaft ein erhebliches Zeit- und Kostenrisiko darstellt. Damit potentielle Konflikte bei Markenanmeldungen vorhersehbar werden, bedarf es einer möglichst frühzeitigen Veröffentlichung der Anmeldung der Marke.«[356]

Die Gründe, aus denen der Rechtsausschuss eine Vorveröffentlichung befürwortet, sind gut nachvollziehbar und richtig. Sie wurde 1967 ins PatG eingefügt und hätte auch schon früher in das MarkenG Eingang finden können.

Problematisch ist nur, dass sich der Rechtsausschuss keine Gedanken über

---

351 Siehe unten Fn. 457.
352 Siehe unten S. 94 ff.
353 BR-Dr. 340/97 vom 23.05.1997 = ZIP 1997, 298 (Allgemeiner Teil).
354 BR-Dr. 340/97 S. 1.
355 Rechtsausschuss, BT-Dr. 13/10332 S. 1.
356 BT- Dr. 13/10332, S. 31 re. Sp.

mögliche Folgen gemacht hat, obwohl er kurz zuvor die unbefriedigende Situation von Erledigungsrückständen im DPMA beklagte, wodurch es zu überlangen Eintragungsverfahren kam. Das Bewusstsein, dass eine Markeneintragung nicht sofort, sondern erst nach mehreren Monaten oder gar Jahren erfolgen kann, war demnach vorhanden. Über eine mögliche Schutzlücke sowie über die unbefriedigende Situation für die Anmelderschaft wurde aber nicht nachgedacht. Der Rechtsausschuss war vielmehr mit der Neuregelung des Handelsrechts beschäftigt und hat die Bedeutung und Tragweite der Veränderungen im Markenrecht nicht erkannt.

cc)   Zweite und dritte Lesung

In der anschließenden Sitzung des Bundestags am 03. 04. 1998[357] wurden die das HRefG begleitenden Änderungen im Markengesetz überhaupt nicht beachtet, geschweige denn diskutiert.

Dazu gab es nach gut zwei Jahren Entwurfsarbeit auch kaum Anlass, denn die Änderungen fanden erst zwei Monate zuvor Eingang in den Entwurf. Niemand hätte hier ernsthaft mit Änderungen im MarkenG rechnen müssen. Allein der damalige Bundesminister der Justiz *Schmidt-Jortzig* wies darauf hin:

»Ich will nur noch auf einen Punkt hinweisen, der überhaupt noch nicht zur Sprache gekommen ist und der, so glaube ich, eine gewisse Herausstellung verdient. In unserem Gesetz wird auch die Möglichkeit der Vorabveröffentlichung von Markenanmeldungen durch das Deutsche Patentamt eröffnet. Das ist eine kleine, aber ganz wesentliche Vorschrift, denn das garantiert den Unternehmen Planungssicherheit bei der Entwicklung und Umsetzung von Markenstrategien.«

Mit diesen Worten war die Beratung vorbei und der Gesetzesentwurf wurde einstimmig in zweiter und dritter Lesung angenommen.

So richtig der Hinweis des Bundesministers auch war, er griff zu kurz und er kam vor allem zu spät. Sicher wird den Unternehmen Planungssicherheit gewährt. Die angemeldeten Zeichen sind aber auch für jedermann online einsehbar – und das im Gegensatz zu offengelegten Patentanmeldungen ohne jeden Schutz des Anmelders.

dd)   Bundesrat

Da der Bundesrat keinen Einspruch einlegte,[358] konnte das Gesetz am 01. 07. 1998 in Kraft treten.[359] Aus Art. 13a des Entwurfs wurde schließlich Art. 13 HRefG.

---

357 228. Sitzung vom 03. 04. 1998, Plenarprotokoll 13/228, S. 20937, 20971.
358 BR-Dr. 340/98 vom 08. 05. 1998.
359 BGBl. 1998 I 1474.

b)   Zwischenergebnis

Die Entstehung von § 33 Abs. 3 MarkenG lässt keine Schlüsse zu, warum der Gesetzgeber nicht wie in vielen anderen Staaten eine Regelung zum Schutz veröffentlichter Markenanmeldungen geschaffen hat. Das Schutzbedürfnis der Anmelder hat man schlicht nicht gesehen.

Das Gesetzgebungsverfahren ist damit, was Art. 13 HRefG angeht, ohne eine Folgenabschätzung für die Markenanmelder verlaufen. Vielmehr muss der Anmelder, dem die Vorveröffentlichung gegen seinen Willen zugemutet wird, das gesamte mit der staatlichen Veröffentlichung verbundene Risiko tragen. Das ist, wie der internationale Vergleich zeigt, äußerst bedenklich.

II.   Notwendigkeit eines vorläufigen Schutzes

1.   Vorüberlegungen

Der Markenanmelder kann durch Benutzungshandlungen Dritter deutlich mehr verlieren als der Patentanmelder. Auch läuft das Eintragungsverfahren nicht immer so glatt und schnell wie erhofft. Die Gefahr, dass ein angemeldetes Zeichen durch einen Dritten genutzt wird, ist nach der Online-Veröffentlichung klar gegeben.

Der Markenanmelder steht dem Patentanmelder auch mit Blick auf das finanzielle Risiko einer Veröffentlichung in nichts nach. Die Investitionskosten – mögen sie im Durchschnitt auch nicht so hoch sein wie bei Patenten – können erhebliche Beträge erreichen.

Mit Blick auf andere Immaterialgüterrechte und die Markengesetze anderer Länder, die einen Entschädigungsanspruch oder noch weitergehende Ansprüche aufweisen,[360] liegt es nahe, dem Markenanmelder zumindest einen Basisschutz zu gewähren. Immerhin ist der Anmelder für die Veröffentlichung nicht verantwortlich und muss sie hinnehmen, um das begehrte Schutzrecht zu erlangen.

Dass eine Gefahr für den deutschen Markenanmelder tatsächlich besteht, beweisen die zahlreichen Verfahren wegen der Benutzung einer GM-Anmeldung. Art. 9 Abs. 3 GMV zeigt, dass auf europäischer Ebene Markenanmeldungen nicht ungeschützt veröffentlicht werden sollen. Hierbei spielt es auch keine Rolle, dass in der GMV die Veröffentlichung wegen des Widerspruchsverfahrens erfolgt, denn dies ist nur der Grund für die Veröffentlichung.[361] Auf

---

360 Siehe oben S. 87 ff. m.w.N.
361 Aufgrund des vorgeschalteten Widerspruchsverfahrens muss eine Veröffentlichung erfolgen. Allein dieser Veröffentlichungsgrund mag zwar einer Analogie direkt jegliche

einer ganz anderen Seite steht die Frage nach dem Schutz einer veröffentlichten Anmeldung. So hätte man auch Sanktionen allein für die Widerspruchsführer schaffen können, da allein diese die Eintragung der GM verhindern. Auch hätte man den Schutz von veröffentlichten Anmeldungen offen und den Mitgliedstaaten überlassen können. Tatsächlich hat man aber einen umfassenden Schutz in Form des Entschädigungsanspruchs gewählt, der unabhängig von der Einlegung eines Widerspruchs sogar verschuldensunabhängig gewährt wird. Wenn man sich also auf EU-Ebene einigen konnte, dass Markenanmeldungen nicht ohne Schutz der Öffentlichkeit zugänglich gemacht werden dürfen, dann muss dieses Signal auch in Deutschland gehört werden. Nicht umsonst haben sich viele deutsche Nachbarstaaten ebenfalls für einen Schutz von veröffentlichten Markenanmeldungen entschieden.

Mit Blick auf die Verfahren wegen der Benutzung einer GM-Anmeldung kann die praktische Bedeutung und Notwendigkeit eines solchen Anspruchs im MarkenG folglich nicht verneint werden.

2. Verfassungsrechtliche Notwendigkeit

Das BVerfG unterstellt die dem Erfinder zugeordnete Rechtsposition dem Eigentumsschutz des Grundgesetzes.[362] Auch die eingetragene Marke ist nach einhelliger Meinung als subjektives Vermögensrecht, das eine Sachbeziehung zum Inhalt hat, von Art. 14 GG umfasst.[363] Gleiches gilt für Zeichen, die nach § 4 Abs. 2 MarkenG Verkehrsgeltung erlangt haben.[364] Auf den Eintragungsprozess kommt es damit nicht an. Vielmehr hat der Gesetzgeber dem Berechtigten der Marke – ähnlich zum Eigentum an einer Sache – die alleinige Nutzung und Verfügung durch die Rechtsordnung objektiv zugeordnet. Auch sei das Ausschließlichkeitsrecht nicht nur Rechtsreflex, sondern ein eigenständiges subjektives (Vermögens-) Recht.[365]

Nach § 31 MarkenG können die Rechte aus der Markenanmeldungen schon übertragen, verpfändet oder Gegenstand sonstiger dinglicher Rechte sein. Damit hat der Gesetzgeber den Schutz der Marke als subjektives (Vermögens-) Recht auf die Markenanmeldung vorgezogen. Es macht keinen Sinn, eine eingetragene Marke zu schützen, nicht aber eine veröffentlichte Anmeldung, denn durch die Veröffentlichung kann die Marke durch Dritte benutzt und das Image beschädigt

---

Grundlage entziehen (siehe unten S. 110), zeigt aber das Vorhandensein und die Art des vorläufigen Schutzes, dass ein sehr hohes Gefahrenpotential besteht.

362 BVerfGE 36, 281, 291.
363 BVerfGE 51, 193, 216 f.; 78, 58, 71; BGHZ 32, 103, 113; *Papier*, in Maunz/Dürig, Art. 14 Rn. 199; *Wieland* in Dreier, Art. 14 Rn. 59; *Depenheuer* in Mangoldt/Klein/Starck, Art. 14 Rn. 150.
364 *Wieland* in Dreier, Art. 14 Rn. 59.
365 BVerfGE 51, 193, 217.

werden. Die später eingetragene Marke wäre dann deutlich weniger Wert und der Schutz des Art. 14 GG unterlaufen. Es erschließt sich daher nicht ohne Weiteres, weshalb eine Patentanmeldung in den Schutzbereich des Art. 14 GG fallen soll, eine Markenanmeldung hingegen nicht. Gerade zum Schutz von Vermögens- rechten (Pfändung/ Zwangsvollstreckung) an der Markenanmeldung muss ein Schutz nach Art. 14 GG bestehen.

Mit Blick auf den Gleichheitsgrundsatz dürften veröffentlichte Markenan- meldungen auch nicht schlechter stehen. Patent- wie Markenanmelder erhalten nach Abschluss des behördlichen Prüfungsverfahrens ein Ausschließlichkeits- recht. In beiden Verfahren wird die Anmeldung der Öffentlichkeit preisgegeben, ohne dass der Anmelder hiergegen etwas unternehmen kann.

Damit liegt eine vergleichbare Gruppe vor, in der aber nur der Patent- anmelder geschützt wird.

Etwas anderes lässt sich auch nicht aus dem im Patentrecht längeren Ertei- lungsverfahren ableiten. Der Patentanmelder mag zwar auf den Entschädi- gungsanspruch vermehrt angewiesen sein, nur ändert die Länge des Zeitraums, in welchem ein Entschädigungsanspruch erhoben werden kann, nichts an seiner Notwendigkeit. Auch wird die Patentanmeldung zumeist erst nach 18 Monaten veröffentlicht; die Markenanmeldung jedoch sofort. Dadurch ist der Zeitraum des vorläufigen Schutzes nicht so unterschiedlich.

Letztlich gewährt der Gesetzgeber in beiden Fällen nach Erteilung/ Eintra- gung ein Ausschließlichkeitsrecht, unabhängig davon, wie wertvoll das Patent oder die Marke ist oder wie lange das Verfahren gedauert hat.

Im Ergebnis wird eine vergleichbare Gruppe ohne rechtfertigenden Grund ungleich behandelt. Damit verstößt es gegen Art. 3 Abs. 1 GG, wenn nur dem Patent- und nicht auch dem Markenanmelder ein Entschädigungsanspruch gewährt wird.

Auch der Gesetzgeber von 1967 hielt es für verfassungsrechtlich nicht ver- tretbar, die in den offengelegten Unterlagen beschriebenen Erfindungen bis zum Abschluss des Prüfungsverfahrens schutzlos zu lassen und damit (entschädi- gungslos) der Nachahmung durch jedermann preiszugeben.[366] Es müssen beide Anmelder gleich behandelt werden.

3.   Parallele zum Werktitelschutz – Titelschutzanzeigen

Die grundsätzliche Anerkennung eines Schutzes könnte sich durch einen Vergleich mit dem Werktitelschutz, § 5 Abs. 3 MarkenG, untermauern lassen.

Im Gegensatz zur Registermarke entsteht der Titelschutz nicht durch

---

366 Entwurf des § 24 Abs. 5 PatG (1967) in BT-Dr. V/1631, S. 5, und unter dipbt.bundestag.de/ doc/btd/05/016/0501631.pdf.

Eintragung in ein behördliches Register, sondern durch Schaffung eines kennzeichnungsfähigen Werkes und Benutzung des unterscheidungskräftigen Titels. Wenn beide Voraussetzungen erfüllt sind, stehen dem Titelschutzberechtigten Schadensersatz- und Unterlassungsansprüche gegenüber Dritten zu, soweit sich diese nicht auf ein älteres Recht berufen können, § 15 Abs. 2 MarkenG.

Ein solcher Werktitelschutz kann mit einer sog. Titelschutzanzeige um bis zu sechs Monate vorverlagert werden. Voraussetzung dafür ist, dass das Werk unter seinem Titel in branchenüblicher Weise angekündigt wird, alsbald unter diesem Titel erscheint und zum Zeitpunkt der Titelschutzanzeige ernsthaft mit der Vorbereitung des Werkes begonnen wurde.[367]

a) Vorgelagerter vollständiger Schutz

Der BGH verstand in einem älteren Urteil die Titelschutzanzeige als Fiktion der Benutzungsaufnahme des Titels im geschäftlichen Verkehr. Die Gleichstellung von Titelankündigung und tatsächlicher Benutzungsaufnahme beruhe auf einer aus Gründen des Verkehrsbedürfnisses angenommenen Fiktion.[368] Daraus wurde fälschlicherweise gefolgert, der BGH wolle dem Titelaspiranten Rechte schon vor der eigentlichen Benutzungsaufnahme gewähren.[369]

Ein Teil der Literatur ging davon aus, dass für einen effektiven Investitionsschutz die gesetzlichen Wirkungen aufgrund der Schutzinteressen des Titelaspiranten ab Veröffentlichung der Titelschutzanzeige und nicht erst mit tatsächlicher Benutzungsaufnahme beginnen müssen.[370] Insbesondere sei dem Inserenten nicht zuzumuten, durch ein Abwarten bis zur tatsächlichen Benutzungsaufnahme sämtliche Investitionskosten zu verlieren.[371]

Als dogmatische Begründung für einen solchen einstweiligen Vollschutz bei freiwilliger Veröffentlichung des Werktitels wurde ein auflösend bedingter Schutz oder ein Anwartschaftsrecht vorgeschlagen.[372] Beide Ansätze überzeugen jedoch nicht.

Voraussetzung eines Anwartschaftsrechts ist, dass von einem gestreckten bzw. mehraktigen Erwerbstatbestand so viele Erfordernisse erfüllt sind, dass die gesicherte Rechtsposition nicht mehr von dritter Seite zerstört werden kann,

---

367 OLG Köln GRUR 1989, 690, 691 f. – High Tech; OLG Hamburg WRP 1981, 30, 32 – Woche aktuell; *Heim*, AfP 2004, 19 m.w.N.
368 BGHZ 108, 89 – Titelschutzanzeige.
369 So *Röttges*, S. 181.
370 *Bosten/Prinz*, AfP 1991, 361, 362 und AfP 1989, 664, 667; *Mittas*, S. 61, 63; *Sack*, S. 100 f.; *Russ*, Börsenblatt 1991, 2502, 2503 f.; *Teplitzky*, AfP 1997, 450, 452; *Schabenberger*, FS Helm, 219, 224 f.; *Heim*, AfP 2004, 19 m.w.N; LG Stuttgart AfP 1985, 229, 230 – Chip.
371 *Sack*, S. 100, *Bosten/Prinz*, AfP 1989, 664, 667.
372 *Russ*, S. 92; *Teplitzky*, AfP 1997, 450, 453; *Schabenberger*, FS Helm, 219, 224 f.

mithin der Vollrechtserwerb ausschließlich vom Erwerber abhängt.[373] Die Titelschutzanzeige ist aber keine notwendige Voraussetzung für die Erlangung des Titelschutzes. Ganz im Gegenteil ist die Titelschutzanzeige hierfür irrelevant. Der Titelschutz entsteht erst mit Benutzungsaufnahme. Die Anzeige ist auch keine (fiktive) Benutzung und damit auch keine Vorstufe zum Vollrecht.[374]

Die dogmatische Konstruktion über ein Anwartschaftsrecht muss daher ausscheiden.

Aber auch die dogmatische Herleitung des rückwirkenden Wegfalls der Vollrechte, wenn keine tatsächliche Benutzung stattfindet, kann nicht überzeugen. Vielmehr wird hierdurch der Akzessorietätsgrundsatz des Werktitelrechts verletzt, denn im Zeitpunkt der Ankündigung liegt gerade noch kein konkretes fertiges Werk vor, was aber Voraussetzung für einen Werktitelschutz ist.[375]

Wegen der Rechtssicherheit und der hohen Missbrauchsgefahr müssen vorwirkende Ansprüche ausscheiden. Sonst könnte der Titelaspirant Dritte auf Unterlassung in Anspruch nehmen, obwohl noch gar nicht feststeht, dass er den Titel auch tatsächlich im geschäftlichen Verkehr benutzen wird. Wenn er den Werktitel nämlich nicht benutzt, würde die Aktivlegitimation rückwirkend entfallen.

Die Titelschutzanzeige allein vermittelt dem Aspiranten folglich noch kein vollwertiges Immaterialgüterrecht.[376] Nach *Oelschlägel* hätten dogmatische Bedenken wegen des überragenden Schutzbedürfnisses der Titelaspiranten jedoch zurückzutreten.[377]

b) Prioritätsvorverlagerung

Der BGH hatte im Jahre 2001 die Gelegenheit, seine missverständlichen Ausführungen in BGHZ 108, 89 von 1989 zum Charakter der Titelschutzanzeige zu konkretisieren. Nun stellte der BGH klar, dass die Titelschutzanzeige keine Benutzung des Titels ist, sondern nur die Vorverlagerung der Priorität bewirkt.[378] Die Titelschutzanzeige hat somit allein eine Reservierungsfunktion. Eine das Titelrecht begründende Wirkung kommt einer solchen Anzeige nicht zu.[379]

Das hält die Inserenten von Titelschutzanzeigen aber nicht davon ab, ihre Titelschutzanzeige so zu formulieren, als würde eine zwischenzeitliche Benut-

373 *Baur/Stürner*, § 3 Rn. 44 ff.; *Leible/Sosnitza*, JuS 2001, 341.
374 So auch *Gördern*, S. 282.
375 Ausführlich *Heim*, AfP 2004, 19, 23 ff.
376 *Gördern*, S. 270 ff., 282; *Heim*, AfP 2004, 19, 23 ff.
377 *Oelschlägel*, S. 100.
378 BGH, GRUR 2001, 1054 – Tagesreport.
379 So auch OLG Hamburg, Beschluss vom 06.12.2001 – 3 U 251/01 – Bremer Branchen; *Gördern*, S. 270 ff.; *Herrmann*, K&R 2006, 168, 169; *Röttges*, S. 180.

zung ernsthafte Folgen haben: »Unter Hinweis auf § 5 Abs. 3 MarkenG nehme ich Titelschutz in Anspruch«. Diese Formulierung suggeriert, durch die Schaltung der Titelschutzanzeige ein Ausschließlichkeitsrecht erworben zu haben.

c)   Stellungnahme

Die Ansicht der Literatur zum einstweiligen Vollschutz von Titelankündigungen ist spätestens durch das Urteil des BGH von 2001 überholt. Die Titelschutzanzeige hat danach nur die Funktion, den Zeitrang des Titelrechts vorzuverlegen. Im Zeitraum zwischen der Veröffentlichung der Titelschutzanzeige und der tatsächlichen Ingebrauchnahme bestehen somit keine kennzeichenrechtlichen Ansprüche, weder aufgrund eines rückwirkend entfallenden Ausschließlichkeitsrechts noch auf Basis eines Anwartschaftsrechts.

Nach *Röttges*[380] soll der Werktitelinhaber aber, wenn der Titel später tatsächlich benutzt wird, Unterlassungs- und Schadensersatzansprüche rückwirkend vom Zeitpunkt der Titelankündigung (Priorität) an erhalten. Diese Ansicht kann nicht überzeugen. Der Titelschutz entsteht erst ab tatsächlicher Benutzung. Die Priorität sichert allein den Zeitrang, um sich gegen jüngere Kollisionszeichen durchzusetzen. *Röttges* vermischt hier die Wirkung der Priorität mit den Rechtsfolgen des Rechts. Andernfalls bräuchte man keinerlei Entschädigungsansprüche im EPÜ, PCT, GMV, PatG, SortSchG, GSV, wenn sogar Schadensersatzansprüche rückwirkend bezogen auf den Prioritätszeitpunkt[381] geltend gemacht werden könnten. Wie ein Unterlassungsanspruch rückwirkend möglich sein soll, ist ebenfalls unklar. Beim Vergleich mit einer Registermarke vermengt *Röttges* erneut Priorität und Schutzeintritt, wenn entgegen § 4 MarkenG Ansprüche angeblich auch rückwirkend ab dem Zeitpunkt der Anmeldung möglich sein sollen.[382]

Dennoch spricht das gefundene Ergebnis nicht gegen, sondern für einen Entschädigungsanspruch im Markenrecht. Bei Titelschutzanzeigen hat es der Inserent in der Hand, ob er das Werk in naher Zukunft tatsächlich benutzt, um das Vollrecht entstehen zu lassen. Bei Markenanmeldungen ist es aber das DPMA, das die Anmeldung prüft und für die Veröffentlichung und die spätere Eintragung verantwortlich ist.

Soweit in der Literatur ein fehlender Schutz veröffentlichter Werktitel als nicht hinnehmbar angesehen wird,[383] gilt dies erst recht für einen fehlenden Markenschutz vor Eintragung. Denn Titelschutzanzeigen sind noch leichter und

---

380 *Röttges*, S. 187 ff. verkennt auch, dass das Markenrecht nicht rückwirkend auf den Zeitpunkt der Anmeldung geltend gemacht werden kann.

381 Das ist zumeist der Zeitpunkt der Anmeldung, wenn nicht ein anderer Zeitpunkt (internationale Priorität) in Anspruch genommen wird.

382 *Röttges*, S. 188.

383 *Sack*, S. 100.

günstiger zu schalten, als ein Zeichen als Marke anzumelden. Wenn aber veröffentlichte Werktitel nicht schutzlos gestellt werden dürfen, muss dies erst recht
für behördlich veröffentlichte Markenanmeldungen gelten.

Und wer mit einem Teil der älteren Lehre annimmt, dass bei Titelschutzanzeigen die vollen Rechtswirkungen bereits mit der Veröffentlichung der Anzeige
eintreten und die dogmatische Herleitung hinter dem Investitionsschutz und
dem Rechtsschutzinteresse des Titelaspiranten zurücktreten muss, der muss
dasselbe auch einem Markenanmelder zugestehen.

Anders als bei einer freiwilligen Titelschutzanzeige kann der Markenanmelder nicht verhindern, dass seine Anmeldung veröffentlicht wird. Auch ist seine
Marke mindestens genauso schützenswert wie ein Werktitel. Auch der zeitliche
Rahmen ist der gleiche. Die tatsächliche Benutzung von Werktiteln muss
grundsätzlich innerhalb von sechs Monaten ab Veröffentlichung der Titelschutzanzeige erfolgen.[384] Ungefähr genauso lang dauert es von der Veröffentlichung der Markenanmeldung bis zur Eintragung der Marke. Bei Werktiteln
wird das Problem über die Priorität der Titelschutzanzeige gelöst. Im Markenrecht löst aber schon die Anmeldung die Priorität aus, § 6 Abs. 2 MarkenG, und
nicht erst deren Veröffentlichung.

Somit muss ein Kompromiss zwischen den Schutzinteressen beider Seiten
(dem Markenanmelder und dem Nutzer eines jüngeren Kollisionszeichens)
gefunden werden. Ein voller Schutz auch im Vorfeld der Markeneintragung, wie
er teils für veröffentlichte Werktitel gefordert wird, kommt jedoch nicht in Betracht. Eine solche Lösung würde den Markenanmelder zu stark bevorzugen und
zu einer Lähmung der Wirtschaft durch unberechtigte Abmahnungen auf der
Basis einstweilen geschützter (ungeprüfter) Kennzeichenrechte führen.[385] Auf
der anderen Seite wäre eine komplette Schutzversagung schon aus verfassungsrechtlichen Gründen (Art. 14 Abs. 1 GG) unzulässig, weil sich der
Markenanmelder gegen eine Veröffentlichung der Anmeldung nicht wehren
kann.

Das spricht für einen Entschädigungsanspruch, wie er auch im PatG,
SortSchG und bei EPÜ- und PCT-Veröffentlichungen in Deutschland besteht.

4.   Drohpotential

Gegen vorwirkende Ansprüche vor tatsächlicher Entstehung des Schutzrechts
könnte eingewandt werden, dass bei einer so leicht zu erhaltenden Anmeldung
ein Drohpotential gegenüber Mitbewerbern oder anderen Dritten geschaffen
werden könnte, indem diese mit Entschädigungsforderungen (auch unberech-

---

384 Teilweise auch länger (Filmwerke) oder kürzer (Sammelwerke).
385 So geschehen zwischen 1936 und 1967 im Patentrecht, s. oben S. 46 f.

tigten) überzogen werden. Dieser beachtliche Einwand wird auch bei Sammel-titelschutzanzeigen kontrovers diskutiert. Bei ihnen erkannte der BGH ein wirtschaftliches Bedürfnis für das »Hamstern« von Werktiteln an, da zu Beginn nicht klar sei, welchen Titel man am Ende gebrauchen werde.[386] Dieses Verhalten dürfe aber nicht zur Blockade des Marktes führen.[387]

Für Markenanmeldungen kann im Ergebnis nichts anderes gelten, wobei für böswillige Markenanmeldungen ohnehin ein absolutes Eintragungshindernis gilt, § 8 Abs. 2 Nr. 10 MarkenG. Wenn eine Vielzahl von Zeichen als Marke angemeldet werden, um den Wettbewerb zu behindern oder gezielt Konkur-renten unter Druck zu setzen, müsste ein Entschädigungsanspruch wie bei Sammeltitelschutzanzeigen ausscheiden (Einwand der unzulässigen Rechts-ausübung). Ein solcher Behinderungswettbewerb ließe sich unproblematisch auch über das UWG korrigieren.

Davon abgesehen besteht in allen Bereichen des gewerblichen Rechtschutzes ein Droh- und Missbrauchspotential. Der vorgebliche Inhaber eines Gebrauchsmusters oder Designs kann Dritte sogar mit einem ungeprüften Schutzrecht zur Unterlassung auffordern, die materiellen Voraussetzungen werden erst im Verletzungsprozess geprüft. Die gleiche negative Wirkung lässt sich mit schutzunfähigen Patentanmeldungen und § 33 PatG erzielen. Diese Anmeldungen sind oft über Jahre im Schwebezustand, bis der Antrag auf Prüfung gestellt wird. Hier ist die Anmeldung seit langem veröffentlicht und kann als Mittel zur Bedrohung verwendet werden, ganz gleich ob das Patent später erteilt wird oder nicht.

Daher kann ein Entschädigungsanspruch – der im Patentrecht unproble-matisch funktioniert – auch im Markenrecht nicht pauschal wegen eines in der Tat vorhandenen Drohpotentials abgelehnt werden.

5.   Spielraum des europäischen Rechts

Ein solcher Entschädigungsanspruch könnte nicht existieren, wenn er gegen höherrangiges EU-Recht verstoßen würde.

Die MarkenRL ist nach Erwägungsgrund 4 nur mindestharmonisierend. Eine vollständige Vereinheitlichung des Markenrechts ist nicht gewollt.[388] Den Mitgliedstaaten soll es insbesondere freistehen, das Eintragungsverfahren eigenständig zu regeln.[389] Vorwirkungen vor Markeneintragung werden in der RL nicht angesprochen. Vielmehr bleibt deren Regelung ebenfalls den Mit-

---

386 BGHZ 108, 89 = GRUR 1989, 760, 761 – Titelschutzanzeige.
387 BGHZ 108, 89 – Titelschutzanzeige.
388 So auch EuGH GRUR 2003, 145 Rn. 30 f. – Robelco/Rebecco.
389 Erwägungsgrund 6 der RL.

gliedstaaten überlassen. Einheitlich geregelt wurden nur die Rechtswirkungen eingetragener Marken, Art. 5 MarkenRL.

Auch die GMV enthält keine Regelungen zum Schutz von veröffentlichten nationalen Markenanmeldungen. Zwar besteht in Art. 9 Abs. 3 S. 2 GMV ein Entschädigungsanspruch vor Eintragung der GM, dieser ist aber nur Konsequenz des bei der GM vorgeschalteten Widerspruchsverfahrens.[390]

Letztlich zeigt auch der Vergleich zu europäischen Nachbarn, dass vorwirkende Ansprüche durchaus üblich sind und dem Anmelder oft auch mehr als ein Entschädigungsanspruch zugebilligt wird.[391]

III.   Dogmatische Herleitung des Entschädigungsanspruchs

Die in Deutschland mit dem HRefG bewirkte Schutzlücke muss dringend geschlossen werden. Dem deutschen Markenanmelder muss ein wirksames Instrument an die Hand gegeben werden, mit dem er sich gegen Benutzungshandlungen Dritter verteidigen kann.

Solange der Gesetzgeber nicht eingreift, könnte dem Markenanmelder auf andere Weise geholfen werden. Denkbar wäre neben der Anwendung des Lauterkeitsrechts (unten 1) den Markenanmelder über ein Anwartschaftsrecht (unten 2), eine Analogie zu Art. 9 Abs. 3 S. 2 GMV (unten 3) oder zu § 33 Abs. 1 PatG (unten 4) zu schützen.[392]

1.   Lösung über UWG

Das UWG enthält für die Verletzung von Kennzeichenrechten einschlägige Regelungen in § 3 i.V.m. § 4 Nr. 7 und 10 sowie in § 5 UWG.

So umstritten das Verhältnis von UWG und MarkenG bei eingetragenen Marken ist,[393] so problematisch ist es auch, wenn markenrechtliche Ansprüche fehlen.

Ein Schutz für die Zeit der Entwicklung eines nicht eingetragenen Zeichens bis zur Verkehrsgeltung wird einheitlich abgelehnt,[394] weil damit der Schutzbeginn des § 4 Nr. 2 MarkenG gesetzeswidrig vorverlagert würde.[395]

Aus dem gleichen Grund wird man auch einen vorgelagerten Schutz von

---

390 Siehe oben S. 65 f.
391 Vgl. die Auflistung der einzelnen Staaten oben S. 87 f.
392 Zur Nichtanwendbarkeit des § 37 Abs. 3 SortSchG im Markenrecht siehe unten S. 130.
393 *Köhler* in *Köhler/Bornkamm*, § 4 Rn. 10.77 ff.; *Lehmler*, § 4 Rn. 7 ff. und Rn. 114.
394 Anders früher BGH WRP 1997, 748, 751 – grau/magenta.
395 *Ingerl/Rohnke*, § 2 Rn. 10; *Sack*, WRP 2004, 1405, 1422; *Ingerl*, WRP 2004, 809, 814 m.w.N. Die UGP-RL hat an dieser Bewertung nichts geändert.

angemeldeten, aber noch nicht als Marke eingetragenen Zeichen grundsätzlich ablehnen müssen. Vielmehr kann ein UWG- Schutz nur eintreten, wenn zusätzliche unlautere Handlungen gegeben sind.

Doch selbst wenn man veröffentlichte Markenanmeldungen in den Schutzbereich des UWG aufnimmt, kann kein adäquater Schutz erreicht werden, wie er im PatG oder im SortSchG besteht. Denn bei der Anwendung des Lauterkeitsrechts besteht das Problem, dass ein konkretes Wettbewerbsverhältnis zwischen Verletzer und Verletztem erforderlich ist.[396] Wenn der Nutzer des prioritätsjüngeren Kollisionszeichens kein Mitbewerber i.S.v. § 2 Abs. 1 Nr. 3 UWG ist, scheiden UWG-Ansprüche also aus. Dann käme nur in Extremfällen noch ein Schutz nach § 823 Abs. 1 oder § 826 BGB in Betracht.[397]

Davon abgesehen ist der Begriff des Verletzers bei der Nutzung eines prioritätsjüngeren Kollisionszeichens im Zeitraum zwischen Veröffentlichung und Eintragung des Zeichens nicht richtig, denn mangels Ausschließlichkeitsrecht liegt noch keine Verletzung, sondern nur eine Benutzung des Zeichens vor.

Auch die Rechtsfolge des § 9 UWG, der den Mitbewerber zur Zahlung von Schadensersatz verpflichtet, überzeugt nicht. Mangels Ausschließlichkeitsrecht des Markenanmelders soll der Nutzer des prioritätsjüngeren Kollisionszeichens gerade keinen Schadensersatz zahlen müssen. Diese Rechtsfolge lässt sich auch nicht über den Umweg des UWG bewirken, wenn keine unlauteren Handlungen des Nutzers des prioritätsjüngeren Kollisionszeichens hinzutreten.

Ein Zeichenschutz über das UWG kann daher höchstens ergänzend herangezogen werden, wenn zusätzlich unlautere besondere Umstände vorliegen.

2.   Das Anwartschaftsmodell

Teilweise wird in der Literatur versucht, einen adäquaten Schutz des Markenanmelders über ein Anwartschaftsrecht zu gewähren.[398] Das Anwartschaftsrecht ist im BGB nicht geregelt. Es wurde im Sachenrecht entwickelt, um die Rechtsstellung des Vorbehaltskäufers zu verbessern.[399] Es ist daher zunächst zu untersuchen, ob diese Rechtsfigur auch auf die Situation des Markenanmelders Anwendung finden kann und vor allem, welche Rechtsfolgen sich daraus ableiten ließen.

---

396 *Köhler* in *Köhler/Bornkamm*, § 4 Rn. 10.77.
397 Vgl. *Köhler* in *Köhler/Bornkamm*, § 4 Rn. 10.79.
398 So z.B. *Hofmann*, S. 211 ff.; *ders.*, GRUR 2010, 376 ff.
399 *Hofmann*, S. 3 m.w.N.

a)   Begriff

Die wohl herrschende Lehre geht davon aus, dass es sich bei der *Anwartschaft* um eine Vorstufe zum *Anwartschaftsrecht* handelt.[400] Eine *Anwartschaft* ist eine bloße rechtlich ungesicherte Aussicht auf den Rechtserwerb, wohingegen von einem *Anwartschaftsrecht* gesprochen wird, wenn es sich um eine beständige und gesicherte Erwerbsposition handelt, die zwar weniger als das Vollrecht, aber mehr als eine bloße Erwerbsaussicht ist. Voraussetzung des Anwartschaftsrechts ist, dass von einem gestreckten (mehraktigen) Erwerbstatbestand so viele Erfordernisse erfüllt sind, dass die gesicherte Rechtsposition nicht mehr einseitig durch einen Dritten zerstört werden kann, mithin der Vollrechtserwerb ausschließlich vom Erwerber abhängt.[401]

Anwartschaft und Anwartschaftsrecht unterscheiden sich also durch den Grad der Sicherung. Wann allerdings die Schwelle zu einer gesicherten Position überschritten ist, kann nicht allgemein beurteilt werden. Vielmehr ist auf das jeweilige Recht abzustellen.

An dieser Stelle wird das gefestigte Terrain verlassen. Die Entscheidung, wann eine Anwartschaft und wann ein Anwartschaftsrecht vorliegt, ist unsicher. Manchmal werden beide Begriffe synonym verwendet,[402] was zusätzlich zur Unsicherheit beiträgt.

Vereinzelt liest man von Markenanwartschaften[403] und sogar von einem Markenanwartschaftsrecht.[404] *Jänich*[405] hält die Markenanwartschaft gar für den »Prototyp eines Anwartschaftsrechts«. Wie eine noch unsichere Erwerbsaussicht (Anwartschaft) der Prototyp einer sicheren Erwerbsaussicht (Anwartschaftsrecht) sein soll, ist vollends widersprüchlich.

Zu untersuchen ist daher, ob mit der Anmeldung des Zeichens tatsächlich ein Anwartschaftsrecht entsteht oder nur eine normale Anwartschaft.

b)   Sichere Erwerbsposition – Anwartschaftsrecht

Damit von einem Anwartschaftsrecht im klassischen Sinne gesprochen werden kann, müsste es sich um einen mehraktigen Entstehungstatbestand handeln und der Erwerb des Markenschutzes allein in der Hand des Anmelders liegen.[406]

---

400 *Medicus*, Rn. 456; *Musielak*, § 7 Rn. 683; *Schwerdtner*, Jura 1980, 609 ff., 661 ff.; *Haas/Beiner*, JA 1998, 115 ff.; *Krüger*, JuS 1994, 905; *Leible/Sosnitza*, JuS 2001, 341 ff.

401 Vgl. BGHZ 45, 186, 189 f.; 49, 197, 201; 83, 395, 399; *Lux*, Jura 2004, 145, 146; *Kindl*, ZJS 2008, 477, 482; *Baur/Stürner*, § 3 Rn. 44 ff.; *Leible/Sosnitza*, JuS 2001, 341.

402 So z. B. *Fezer*, § 31 Rn. 2 ff.; *Heermann*, ZEuP 2007, 535, 572.

403 *Brämer*, S. 213 ff.; *Westermann/Gursky/Eickmann*, § 135, Rn. 1; *Althaus*, S. 66; *Görden*, S. 281 f.

404 *Pahlow* in *Ekey/Klippel/Bender*, § 30 Rn. 16; *Kramer* in *Ekey/Klippel/Bender*, § 32 Rn. 13; *Nordemann*, S. 335; *Götting*, § 5 Rn. 35, *Beyerbach*, S. 217.

405 *Jänich*, S. 247.

406 S. oben Fn. 400 und 401.

Ersteres liegt bei Registerrechten wie dem Design und Gebrauchsmuster, aber auch dem Patent und der eingetragenen Marke unstreitig vor.

Zweifelhaft ist die *gesicherte* Erwerbsaussicht des Markenanmelders, denn über die Eintragung des Zeichens als Marke entscheidet allein das DPMA. Unberücksichtigt bleiben können die freiwillige Rücknahme der Markenanmeldung (§ 39 Abs. 1 MarkenG) und die Nichtzahlung der Gebühren (§ 36 Abs. 4 MarkenG), bei denen der Markenanmelder seine Erwerbsaussicht selbst und zurechenbar vernichtet. Zu untersuchen sind vielmehr die Situationen, in denen das Zeichen trotz ordnungsgemäßer Anmeldung nicht eingetragen wird oder nicht (mehr) eingetragen werden kann. Soweit solche – nicht ausschließlich auf den Erwerber zurückführbaren – Gründe die Markeneintragung verhindern können, liegt kein klassisches Anwartschaftsrecht, sondern höchstens eine schlichte Anwartschaft vor.

aa) *Absolute Schutzhindernisse*

Wenn dem als Marke ordnungsgemäß angemeldeten Zeichen absolute Schutzhindernisse entgegenstehen, darf das Zeichen nicht in das Register eingetragen werden, § 37 MarkenG.

Schon in dieser simplen, durchaus häufig vorkommenden Situation gibt es große Unsicherheiten, ob eine Anwartschaft oder ein echtes Anwartschaftsrecht überhaupt entsteht. So geht *Hofmann* davon aus, dass eine Anwartschaft nur dann entstehen kann, wenn eine ordnungsgemäße Anmeldung und zu diesem Zeitpunkt keine absoluten Schutzhindernisse gegeben sind.[407] Denn ohne eintragungsfähiges Zeichen ist jeder Anwartschaft, geschweige denn einem Anwartschaftsrechtsrecht, jegliche Grundlage entzogen.

Ob absolute Schutzhindernisse im Zeitpunkt der Anmeldung gegeben sind, entscheidet das DPMA auf Grundlage der gesetzlichen Regelungen. Der Anmelder hat hierauf keinen Einfluss. Auch wenn die Anmelder rechtlich beraten sind, besteht doch bei jeder Markenanmeldung eine subjektive Ungewissheit, ob das Zeichen tatsächlich als Marke eingetragen wird.

Der Markenanmelder bleibt damit bis zur Prüfung durch das DPMA, ggf. bis zu einer abschließenden gerichtlichen Entscheidung, im Ungewissen. So wurde z. B. viele Jahre vor nationalen und europäischen Gerichten darüber gestritten, ob sog. Eventmarken eingetragen werden können oder ob ein Freihaltebedürfnis besteht.[408]

Auch besteht das Risiko, dass sich der Anmelder gegenüber Dritten trotz möglicher Kenntnis von Schutzhindernissen rechtsmissbräuchlich auf ein An-

---

407 *Hofmann*, S. 217 f.
408 BPatG, Beschluss vom 17.01.2007, 32 W (pat) 238/04 Rn. 67 – WM 2006; BGHZ 167, 278, 295 – FUSSBALL WM 2006.

wartschaftsrecht berufen und dies gar als Sicherheit anbieten oder sogar übertragen könnte, § 31 MarkenG. Die Sicherungsnehmer müssten dann prüfen, ob das angemeldete Zeichen als Marke eingetragen wird und damit insgesamt werthaltig ist. Die subjektive Ungewissheit bleibt auch hier bestehen.

Ob angesichts dieser Ungewissheit von einer sicheren Erwerbsposition gesprochen werden kann, ist höchst fraglich.

Wenn absolute Schutzhindernisse erst im Laufe des Verfahrens auftreten, soll nach *Hofmann* zumindest ein temporärer Schutz über die Anwartschaft angemessen sein.[409]

Dieser Ansicht stehen aber noch größere Bedenken gegenüber. Der Markenanmelder kann nicht einen temporären Anspruch bis zum Eintritt von Schutzhindernissen erhalten, wenn das Zeichen durch diese absoluten Schutzhindernisse später nicht als Marke eingetragen wird. Ohne die Eintragung wird dem Anmelder das Ausschließlichkeitsrecht an dem Zeichen nie zuteil und damit können auch keine vorwirkenden Ansprüche bestehen, die nur Auswirkungen der (später) erworbenen Rechtsposition sind.

Ein temporärer Schutz besitzt auch keine gesetzliche Grundlage. Wenn *Hofmann* anführt, dass Unterlassungsansprüche auf Grundlage der temporären Anwartschaft möglich sein sollen,[410] so übersieht er, dass jegliche Konstruktion von Rechtswirkungen im Markenrecht über eine Anwartschaft systemfremd und contra legem ist. Eine zweifelhafte Interessenabwägung kann nicht das gesamte Entschädigungssystem unterlaufen. Nicht einmal im Patentrecht (§ 33 PatG) bestehen Entschädigungsansprüche, wenn die Erfindung nie als Patent eingetragen wird. Solche Ansprüche werden schon dadurch verhindert, dass die vorwirkenden Ansprüche (Entschädigung oder Schadensersatz) erst nach Patenterteilung geltend gemacht werden können.[411] Ohne ein Patent gibt es damit auch keine Grundlage für vorwirkende Ansprüche.

Damit ist auch die Basis für weitergehende Ansprüche im Markenrecht entzogen. Das Zeichen ist dem Anmelder gerade noch nicht endgültig zugeordnet. Jeder kann das Zeichen, wie auch die Erfindung im Patentrecht, gegen Zahlung einer Entschädigung benutzen, bis das Ausschließlichkeitsrecht entstanden ist.[412] Erst danach können Unterlassungsansprüche geltend gemacht werden. Damit muss ein temporärer Schutz bis zum Zeitpunkt des Vorliegens absoluter Schutzhindernisse ausscheiden. Ex post konnte nie ein Schutzrecht entstehen und damit auch kein Anwartschaftsrecht.

Trotz ordnungsgemäßer Anmeldung kann die Eintragung des Zeichens als

---

409 *Hofmann*, S. 213 ff., hält auch einstweilige Unterlassungsansprüche zumindest für vorstellbar.
410 *Hofmann*, S. 214.
411 Vgl. die Übersicht der jeweiligen Ansprüche in den Tabellen 1 und 2 im Anhang.
412 Vgl. für das Patentrecht BGHZ 107, 161, 168 – Offenend-Spinnmaschine.

Marke auch durch später eintretende Umstände vereitelt werden. So ist es möglich, dass das angemeldete Zeichen im Laufe des Prüfungsverfahrens zum Gattungsbegriff wird oder auf andere Weise die notwendige konkrete Unterscheidungsfähigkeit verliert.[413] Denn es kommt für die Beurteilung der Schutzfähigkeit auf den Tag der Entscheidung über die Eintragung des Zeichens als Marke an.[414] Diese Entscheidung wird meist Monate nach dem Anmeldezeitpunkt getroffen, sodass sich das angemeldete Zeichen zwischen Anmeldung und Eintragung in einer Art Schwebezustand befindet, indem es jeglichen Einflüssen auf die Schutzfähigkeit unterworfen ist. Mangels Ausschließlichkeitsrecht muss der Anmelder dies auch dulden.[415] Das ordnungsgemäß angemeldete Zeichen kann in diesen Fällen nicht mehr als Marke eingetragen werden.

Im Ergebnis liegt damit keine sichere Erwerbsposition des Anmelders vor, denn er kann trotz ordnungsgemäßer Markenanmeldung ohne eigenes Zutun seine Aussicht auf das zukünftige Markenrecht verlieren.[416] Aus diesem Grund wäre die Markenanwartschaft auch unter wirtschaftlichen Gesichtspunkten als Sicherungsmittel unattraktiv, weil es nachträglich wegfallen könnte. Zugleich verbietet sich damit die Annahme eines Anwartschaftsrechts ab dem Zeitpunkt der Markenanmeldung, da keine gesicherte Erwerbsposition besteht.

bb)   Relative Schutzhindernisse

Neben absoluten können einer Markenanmeldung aber auch relative Eintragungshindernisse entgegenstehen. Diese werden im DPMA-Eintragungsverfahren zwar nicht geprüft, doch gewährt der BGH den Inhabern älterer Marken einen effektiven Rechtsschutz bereits vor Eintragung der neu angemeldeten Marke durch einen vorbeugenden Unterlassungsanspruch.[417] Die Erstbegehungsgefahr kann in diesen Fällen nur durch Verzicht auf die Eintragung bzw. durch Rücknahme der Anmeldung ausgeräumt werden.[418]

Auf diese Weise wird der Markenanmelder trotz ordnungsgemäßer Anmeldung gezwungen, seine Erwerbsposition zu vernichten und dadurch das Markenrecht nie zu erwerben. Kommt der Anmelder der Rücknahme der Anmeldung nicht nach, ist seine später eingetragene Marke direkt der Löschung

---

413 Wie in BGH GRUR 1993, 744, 745 – Micro Channel.
414 BGH GRUR 1993, 744 – Micro Channel; *Ingerl/Rohnke* § 8 Rn. 41; *Kirschneck* in *Ströbele/ Hacker*, § 37 Rn. 2
415 BGH GRUR 1993, 744, 745 f. – Micro Channel.
416 Das muss auch *Hofmann*, S. 206 feststellen, der davon aber unbeirrt weiter von Anwartschaften spricht.
417 BGHZ 121, 242 – Triangle; BGH GRUR 2008, 912 – Metrosex; so auch *Hacker* in *Ströbele/ Hacker*, § 14 Rn. 109; *Ingerl/Rohnke*, § 14 Rn. 142; *Lange*, Rn. 1840; *Marx*, Rn. 914; *Nordemann*, Rn. 2884; *Schweyer* in *v. Schultz*, § 14 Rn. 265; a. A. *Fezer*, § 14 Rn. 510; *Schulz*, WRP 2000, 258, 260.
418 BGH NJW-RR 2009, 184 m.w.N.

ausgesetzt, denn der Dritte kann gegen diese neue Marke binnen drei Monaten Widerspruch und danach Klage auf Löschung erheben, §§ 42 Abs. 1, 55 MarkenG. Das kurzzeitig entstandene Markenrecht erlischt dann rückwirkend, d. h. es wird so behandelt, als wenn das Zeichen nie als Marke eingetragen worden wäre, § 52 Abs. 2 MarkenG. Ohne ein späteres Markenrecht kann aber auch keine gesicherte Erwerbsposition bestehen. Vielmehr hatte der Anmelder bei späterer Löschung der Marke ex post keine Aussicht auf den Vollrechts-erwerb.

Im Ergebnis kann deshalb auch im Hinblick auf relative Schutzhindernisse nicht von einer gesicherten Erwerbsposition und folglich auch von keinem Anwartschaftsrecht gesprochen werden.[419]

Wenn *Hofmann* hiergegen einen Vergleich zum Vorbehaltskäufer heranzieht, der das Kausalgeschäft anfechten könnte, so ist dies insofern problematisch, als die Anfechtungsmöglichkeit beim Vorbehaltskauf allein im Ermessen des An-fechtenden liegt und nicht wie hier bei einem unbekannten Dritten. Auch erhält der Vorbehaltskäufer nach Zahlung der letzten Rate, wenn der Kaufvertrag nicht angefochten wurde, kondiktionsfreies Eigentum, wohingegen der Marken-inhaber durch die erfolgreiche Löschungsklage eines Dritten seine Marke dennoch verliert.

Eine Anfechtung und die Löschungsklage haben daher nicht die gleiche Rechtsfolge. Das Markenrecht ist viel gefährdeter, sogar wenn es schon entstanden ist.

Beim Vorbehaltskäufer kann daher ungeachtet einer Anfechtbarkeit des Kausalgeschäfts von einem echten Anwartschaftsrecht gesprochen werden, da der Käufer zunächst trotzdem Eigentum erlangen kann. Beim Markenanmelder hingegen kann wegen der direkten Zerstörbarkeit der Marke von einem Anwartschaftsrecht keine Rede sein.

cc)   DPMA als Herr des Verfahrens

Gegen die Annahme eines Anwartschaftsrechts spricht weiter das Prüfungs-verfahren des DPMA. Wenn die Markenstelle die Anmeldung zurückweist, kann der Anmelder hiergegen nur im Wege der Erinnerung[420] oder der Beschwerde,[421] letztlich mit der Rechtsbeschwerde,[422] vorgehen. Zwar haben sämtliche Rechtsmittel aufschiebende Wirkung, sodass dem Anmelder nichts verloren geht; dennoch wäre es verwegen, bei diesem vorgesehenen langen Instanzenzug – schon zum Zeitpunkt der Markenanmeldung – von einer gesicherten

---

419 Gegen *Hofmann*, S. 207 ff. und 218 ff.
420 § 64 MarkenG.
421 § 66 MarkenG an das BPatG.
422 § 83 MarkenG an den BGH.

Rechtsposition auszugehen. Daher lässt sich auch unter diesem Gesichtspunkt nicht von einem echten Anwartschaftsrecht sprechen.

dd) *Zwischenergebnis*

Im Ergebnis besteht keine hinreichende Sicherheit, dass der Anmelder später auch tatsächlich Markeninhaber wird. Von einer gesicherten Erwerbsposition und damit von einem echten Anwartschaftsrecht kann keine Rede sein. Große Unsicherheit dürfte bei Anmeldern herrschen, ob ihre Anmeldung nicht an absoluten oder relativen Schutzhindernissen scheitert.

In diesen Fällen liegt kein eintragungsfähiges Zeichen vor und ein Anwartschaftsrecht kann von vornherein nicht entstehen.

c) *Unsichere Erwerbsposition – einfache Anwartschaft*

Nachdem nachgewiesen werden konnte, dass im Zeitpunkt der Markenanmeldung kein Anwartschaftsrecht entstehen kann, ist weiter zu untersuchen, ob der Anmelder mit der Markenanmeldung zumindest eine einfache Anwartschaft, d. h. eine rechtlich ungesicherte Aussicht auf den Rechtserwerb, erhält.[423]

Da die Rechtsposition des Markenanmelders ohne eigenes Zutun in bestimmten Fällen zerstört werden kann,[424] der Anmelder andererseits bei ordnungsgemäßer Anmeldung alles für den Rechtserwerb Notwendige getan hat, kann ohne Bedenken von einer Anwartschaft als einer ungesicherten Aussicht gesprochen werden. Das gilt nicht, wenn einer Eintragung absolute Schutzhindernisse entgegenstehen oder wenn keine ordnungsgemäße Anmeldung vorliegt, §§ 41, 37 Abs. 1 MarkenG. In diesen vom Gesetz vorgegebenen Fällen kann daher auch keine Anwartschaft entstehen, da ein späterer Rechtserwerb rechtlich ausgeschlossen und einer Anwartschaft – und erst recht einem Anwartschaftsrecht – jegliche Grundlage entzogen ist.[425] In diesen Fällen liegt demnach keine unsichere, sondern eine aussichtslose (keine) Erwerbsposition vor.[426]

Wenn aber eine ordnungsgemäße Anmeldung und keine Schutzhindernisse

---

423 Zu den Rechtsfolgen einer möglichen Anwartschaft siehe unten S. 108 ff.

424 Auch mangels Kenntnis der Rechteinhaber von älteren Kollisionszeichen, die erst später gegen die prioritätsjüngere Marke vorgehen.

425 Vgl. oben S. 101 ff. Hiervon ausgenommen sind Fälle der rechtswidrigen Zurückweisung der Eintragung durch das DPMA.

426 Gegen *Brämer*, S. 132 f., die davon ausgeht, dass mit der Markenanmeldung eine Markenanwartschaft entsteht und diese erlischt, wenn das DPMA die Marke nicht einträgt. Das DPMA trägt die Marke bei ordnungsgemäßer Anmeldung aber nur bei absoluten Schutzhindernissen nicht ein. Wenn letztere vorliegen, kann aber keine Anwartschaft entstehen, §§ 41, 37 Abs. 1 MarkenG. Hiervon zu unterscheiden sind die subjektiv-öffentlichen Rechte aus §§ 31, 27 MarkenG, die tatsächlich entstehen und bei Zurückweisung der Anmeldung wieder erlöschen.

vorliegen, kann man von einer Anwartschaft sprechen; denn eine ungesicherte Aussicht hat der Markenanmelder allemal.

d)   Zwischenergebnis

Die Untersuchung hat gezeigt, dass es einige alles andere als seltene Situationen gibt, in denen der Anmelder trotz ordnungsgemäßer Anmeldung nicht Inhaber der Marke werden kann. Die Position zwischen Anmeldung und Eintragung ist oft sehr unsicher.[427] So ist es kaum verwunderlich, dass sich einige Autoren nicht festlegen möchten und von einem »anwartschaftsähnlichen Charakter«[428] oder einer »anwartschaftsähnlichen Position«[429] sprechen.

Doch handelt es sich hier nicht um ein Anwartschaftsrecht nach klassischem Verständnis, sondern allenfalls um eine Anwartschaft im Sinne einer ungesicherten Erwerbsaussicht.

e)   Rechtsfolgen aus der Anwartschaft

Neben der Anerkennung einer Anwartschaft als unsicherer Erwerbsaussicht stellt sich weiter die Frage, welche Rechtsfolgen hieraus abgeleitet werden können.[430] Es ist anerkannt, dass sich die Rechtsfolgen grundsätzlich nach dem Vollrecht bestimmen müssen.[431] Das ergibt sich aus dem Charakter des Anwartschaftsrechts als wesensgleichem Minus zum Vollrecht.

Der Gleichbehandlungsgrundsatz stößt hier aber auf große Probleme, denn § 4 MarkenG ordnet ausdrücklich an, dass der Markenschutz erst mit der Eintragung der Marke beginnt.[432] Eine volle Gleichbehandlung mit dem Markenrecht kommt daher nicht in Betracht. Andernfalls würde eine Markenanmeldung entgegen der klaren gesetzgeberischen Wertung dieselben Rechtsfolgen auslösen wie das Vollrecht selbst, also Unterlassung und Schadensersatz.

Diese weite Rechtsfolge wurde im Patentrecht 1967 bewusst abgeschafft.[433] Auch beim vorgelagerten Titelschutz hat der BGH einem einstweiligen Vollschutz eine klare Absage erteilt.[434]

Die Gleichbehandlung hätte im Markenrecht weiter zur Folge, dass bei einer angeblichen Verletzung der Markenanwartschaft der Verletzungsrichter darüber entscheiden müsste, ob absolute Schutzhindernisse vorliegen. Diese Aufgabe ist

---

427 z. B. bei absoluten und relativen Schutzhindernissen.
428 *Ingerl/Rohnke*, § 33 Rn. 1.
429 *Ingerl/Rohnke*, § 29 Rn. 4.
430 Die Rechtsfolgen einer Anwartschaft werden in der Literatur nicht diskutiert, Ausnahme *Hofmann*, S. 221 ff.
431 BGHZ 35, 85, 89; *Medicus*, Rn. 456; *Musielak*, Rn. 638.
432 So ganz h.L. *Ingerl/Rohnke*, § 4 Rn. 4 f. und § 32, Rn. 2; *Fezer*, § 4 Rn. 13; *Ekey* in *Ekey/Klippel/Bender*, § 4 Rn. 15; *Hacker* in *Ströbele/Hacker*, § 4 Rn. 7.
433 Hierzu *Schramm/Henner*, GRUR 1968, 667, 671.
434 Siehe oben S. 94 ff.

nach §§ 36 f., 54 MarkenG aber ausschließlich dem DPMA vorbehalten. Das Gericht wäre damit gezwungen, das Verfahren auszusetzen und die Entscheidung des DPMA abzuwarten. Man würde dem Anmelder also nur Rechte geben, die sich vor Eintragung ohnehin nicht durchsetzen lassen. Die Anwendung des Gleichbehandlungsgrundsatzes im Markenrecht würde damit insgesamt zu systemwidrigen Ergebnissen führen.

Man müsste sich von der klassischen Anwartschaftslehre schon ziemlich weit entfernen, um im Markenrecht sachgerechte Ergebnisse zu erhalten. Der deutsche Gesetzgeber hat bei PCT- und EPÜ-Patenten, beim Sortenschutz und in § 33 PatG klar gezeigt, dass jenseits eines Entschädigungsanspruchs kein Raum für weitergehende Ansprüche ist. Um die Rechtsfolge der Anwartschaft im Einklang mit der gesetzgeberischen Wertung zu halten, müsste der Gleichbehandlungsgrundsatz also stark eingeschränkt werden. Dann aber muss die Frage erlaubt sein, ob eine solche Rechtsfolge überhaupt noch etwas mit einer Anwartschaft zu tun hat oder ob es sich um eine hiervon unabhängige Rechtsfortbildung handelt.

Hofmann sieht dieses Rechtsfolgenproblem ebenfalls und streitet zunächst für eine volle Gleichbehandlung der angemeldeten Marke (inkl. der einstweiligen Durchsetzung der Rechte).[435] Später muss aber auch er diesen Ansatz relativieren und den Anmelder aufgrund praktischer Erwägungen auf einen Entschädigungsanspruch verweisen.[436] Diese Beschränkung der Rechtsfolge zeigt aber, dass für eine Anwartschaft im Markenrecht konzeptionell kein Raum ist.

f)   Kritik und Schlussfolgerung

Objektiv betrachtet waren es meist rein wirtschaftliche Bedürfnisse, die zur Annahme eines Anwartschaftsrechts geführt haben.[437] So sollen Anwartschaftsrechte im Sachenrecht die Übertragung und Pfändung einer schützenswerten Vermögensposition ermöglichen.[438] Ein solches Bedürfnis und die hiermit verbundenen dogmatischen Probleme bestehen im Markenrecht aber nicht. Nach §§ 27, 29, 31 MarkenG ist eine Übertragung und Pfändung auch der durch die Anmeldung von Marken begründeten Rechte[439] ohne weiteres möglich. Hierfür muss man kein Anwartschaftsrecht konstruieren.

Die mit einer Anwartschaft verbundenen konstruktiven Schwierigkeiten und die dazu nicht passende, aber gewollte Rechtsfolge eines Entschädigungsan-

---

435 *Hofmann*, S. 226 ff.
436 *Hofmann*, S. 232.
437 So auch *Baur/Stürner*, § 3 Rn. 46.
438 *Baur/Stürner*, § 3 Rn. 47.
439 Öffentlich-rechtlicher Anspruch auf Eintragung der Marke gegenüber dem DPMA; Sicherung der Priorität und der Rechtshandlungen des Anmelders bei Rechtsübergang, vgl. *Fezer*, § 27 Rn. 11.

spruchs, sprechen deshalb klar gegen einen Schutz über das Anwartschaftsrecht. Die Position des Markenanmelders darf daher nicht krampfhaft und dogmatisch unsauber in ein Anwartschaftsmodell gepresst werden.

3.   Art. 9 Abs. 3 S. 2 GMV analog

Zu prüfen bleibt, ob sich der Schutz des Markenanmelders über eine Analogie zu Art. 9 Abs. 3 GMV sicherstellen lässt.

Die europäische Regelung ist unabhängig von nationalen Regelungen und kann daher auch in Deutschland angewendet werden, wenn ein Dritter eine GM benutzt. Die geschützten Benutzungshandlungen umfassen nach Art. 9 Abs. 3 GMV den Zeitraum zwischen Veröffentlichung der Anmeldung bis zur Eintragung der Marke. Allerdings ist dieser Entschädigungsanspruch nach Art. 9 Abs. 3 S. 2 GMV nur Teil eines Systems, das die Nachteile des in der GMV vorgeschalteten Widerspruchsverfahrens ausgleichen soll.[440] Nach Artt. 45, 42 Abs. 1 GMV verzögert die Einlegung des Widerspruchs die Eintragung der GM und damit die Schutzentstehung. In Deutschland hingegen ist das Widerspruchsverfahren nachgeschaltet (§ 42 MarkenG), sodass die Wirkungen der sehr viel schneller eingetragenen nationalen Marke nach einem Widerspruch höchstens ex tunc wieder entfallen können, §§ 43 Abs. 2 und 4, 52 Abs. 2 MarkenG.

Da der Entschädigungsanspruch als Teil der Sanktionsmittel in Art. 9 Abs. 3 S. 2 GMV dem Grunde nach nur wegen des vorgeschalteten Widerspruchsverfahrens geschaffen wurde, verbietet sich die dogmatische Übertragung auf ein in Deutschland unterschiedliches System. Insofern muss eine Analogie wegen Fehlens einer vergleichbaren Interessenlage ausscheiden.[441] Das Ziel des Sanktionsmittels, den Anmelder vor der Benutzung Dritter zu schützen bzw. ihm einen angemessenen Ausgleich zu gewähren, zeigt aber nochmals deutlich auf, dass ein Schutz der Markenanmelder in Deutschland notwendig ist.

4.   § 33 Abs. 1 PatG analog

Ein Schutz des Markenanmelders könnte letztlich über eine Analogie zu § 33 Abs. 1 PatG sichergestellt werden. In Literatur und Rechtsprechung finden sich hierzu kaum Ausführungen.[442]

---

440 Siehe oben S. 65 f.
441 So auch *Hofmann*, GRUR Int 2010, 376, 378.
442 Einzig *Hofmann*, GRUR Int 2010, 376 geht auf dieses Problem ein, verneint eine Analogie jedoch.

a) Voraussetzungen

Eine entsprechende Anwendung von § 33 Abs. 1 PatG auf die vorliegende Situation im Markenrecht setzt voraus, dass eine planwidrige Unvollständigkeit gegeben ist und dass mit Blick auf den Gleichheitssatz des Art. 3 Abs. 1 GG Normzweck und Interessenlage eine Anwendung der Regelung gebieten.[443] Eine Regelungslücke liegt bei planwidriger Unvollständigkeit vor,[444] wenn also der Gesetzgeber eine bestimmte Situation übersehen hat oder noch nicht sehen konnte.[445]

Hofmann will hier eine solche Lücke verneinen, indem er auf die Entstehung des MarkenG von 1994 abstellt. Zu diesem Zeitpunkt, so meint Hofmann, hätte der Gesetzgeber in Kenntnis von Art. 9 Abs. 3 S. 2 GMV und § 33 PatG auch einen Anspruch in das MarkenG einfügen müssen.[446]

Dabei hat Hofmann jedoch übersehen, dass 1994 noch gar keine Veröffentlichung von Markenanmeldungen vorgesehen war. Für den Gesetzgeber bestand danach überhaupt kein Anlass, einen Entschädigungsanspruch zu schaffen, der ab Veröffentlichung wirkt, wenn allein die Eintragung der Marke veröffentlicht wird, nicht aber deren Anmeldung.

Die Vorveröffentlichung von Markenanmeldungen fand erst durch das HRefG 1998 Eingang in das MarkenG. Damit handelt es sich um eine nachträglich entstandene Lücke.

Wie gesehen,[447] hatte der Bundesgesetzgeber allein Änderungen im Handelsrecht – genauer im Firmenrecht – beabsichtigt. Art. 13a des Entwurfs wurde erst kurz vor der endgültigen Abstimmung im Bundestag eingefügt. Niemand und leider auch nicht der Rechtsausschuss hatten sich hierzu ernsthafte Gedanken gemacht. Mit Blick auf die parallele Situation 1967 im Patentrecht muss daher von einer planwidrigen Unvollständigkeit gesprochen werden; immerhin hat der Gesetzgeber von 1967 gezeigt, dass der Anmelder nach der behördlichen Veröffentlichung seiner Anmeldung auch aus verfassungsrechtlichen Gründen zu schützen ist.[448]

Das Gesetzgebungsverfahren des HRefG ist damit ein Musterbeispiel für eine planwidrige Unvollständigkeit durch eine nachträglich geschaffene Regelungslücke.

Auch die Interessenlage von Patent- und Markenanmeldern ist gleich. Im Patentrecht soll der Anmelder einen gerechten Ausgleich für die Offenbarung seiner Erfindung erhalten. Bis zur Erteilung des Patents ist der Anmelder auf

---

443 Bork, Rn. 145 f.
444 BGH NJW 1981, 1726; 1988, 2109; 2007, 993.
445 Bork, Rn. 145 f.
446 Hofmann, GRUR Int 2010, 376, 378.
447 Siehe oben S. 90 ff.
448 Ausführlich hierzu Ohl, GRUR 1976, 557; Schramm/Henner, GRUR 1968, 667, 671.

einen Entschädigungsanspruch verwiesen. Damit wird der Anmelder im gewissen Umfang vor finanziellen Einbußen durch Benutzungshandlungen Dritter geschützt. ·

Hofmann führt hiergegen an, dass es im Markenrecht – im Gegensatz zum Patentrecht – eines solchen Schutzes nicht bedürfe, da das Patent nur maximal 20 Jahre wirkt, die Marke aber beliebig verlängert werden kann.[449]

Danach zu differenzieren wäre aber nicht interessengerecht und widerspräche auch der Verfassung.[450] In der heutigen schnelllebigen Zeit, mit globalen Einflüssen und Trends, kommt es häufig vor, dass Produkte oder Dienstleistungen, die mit der Marke versehen sind, schon nach kurzer Zeit kaum noch nachgefragt werden. Gewährt man dem Markenanmelder keinen Ausgleich für die Zeit bis zur Eintragung, dann kann es vorkommen, dass die Investitionskosten (Design, Druck und Werbung mit der Marke) frustriert werden. Die Amortisierungszeit kann bei einem Markenprodukt oft deutlich kürzer ausfallen als bei einem Patent. Auch ist es entgegen *Hofmann* nicht immer möglich, das Image eines Zeichens wieder aufzupolieren. Schon weil ein Imagewechsel mit erheblichen Kosten verbunden sein kann, muss der Markeninhaber auch einen Ausgleich hierfür erhalten.

Ein Entschädigungsanspruch lässt sich auch nicht dadurch verneinen, dass man die Werbebranche geringschätzt und die Leistung eines Markendesigners abwertet.[451] Die Leistungen eines Markendesigners wie die eines Erfinders werden vom Gesetzgeber ohne Rücksicht auf den Aufwand im Einzelfall mit einem Ausschließlichkeitsrecht belohnt.

Im Ergebnis liegt neben einer planwidrigen Regelungslücke auch eine vergleichbare Interessenlage von Patent- und Markenanmeldern vor. § 33 Abs. 1 PatG ist daher analog auch auf Markenanmelder anzuwenden.

b)   Schutzumfang

Schon bei Patentanmeldungen ist der Umfang des Schutzes der Anmeldung nicht leicht abzustecken. Während sich ein Benutzer einer als Patent angemeldeten technischen Erfindung nicht vollkommen auf die niedergeschriebenen Schutzansprüche verlassen kann, sondern vielmehr das Erfindungswesentliche der Anmeldung beachten muss,[452] besteht eine solche Unsicherheit im Markenrecht nicht. Das später erteilte Ausschließlichkeitsrecht beschränkt sich auf das angemeldete Zeichen und das Verzeichnis von Waren oder Dienstleistungen, bzw. bei Verwechslungsgefahr auch auf ähnliche Zeichen für ähnliche Waren

---

449 *Hofmann,* GRUR Int 2010, 376, 378.
450 Siehe oben S. 93 f.
451 Gegen *Hofmann,* GRUR Int 2010, 376.
452 Siehe oben S. 48 f.

oder Dienstleistungen. Eine Erweiterung ist im Gegensatz zur Beschränkung der Anmeldung auch nicht möglich, § 39 Abs. 1 MarkenG.

Da sich aus dem Zeichen auch nichts offenbaren kann, besteht bei Marken – im Gegensatz zu Patentanmeldungen – keine subjektive Ungewissheit, ob der Offenbarungsgehalt der ursprünglichen Anmeldung nicht doch noch vollkommen ausgeschöpft wird.[453]

c) Verschulden

Wenn § 33 Abs. 1 PatG analog zugunsten des Markenanmelders angewendet wird, stellt sich die Frage nach dem Verschuldensmaßstab. Im Patentrecht werden an das Verschulden keine allzu strengen Anforderungen gestellt, da die Offenlegungsschrift frei und leicht zugänglich im Internet recherchierbar ist.[454]

Gleiches muss für das Markenrecht gelten. Die Markenanmeldungen sind schon wenige Tage nach Antragstellung online über die Seite des DPMA abrufbar.[455] Dem Nutzer eines prioritätsjüngeren Kollisionszeichens ist es daher durchaus zumutbar, sich Kenntnis von der Anmeldung und den geschützten Klassen zu verschaffen. Wenn er dies unterlässt, ist Fahrlässigkeit anzunehmen.[456] Parallel zum Patent muss aber auch hier eine Karenzzeit als angemessene Prüfungsfrist von vier Wochen eingeräumt werden.[457]

d) Berechnung der Entschädigung

Die Berechnung der Entschädigung bereitet im Patentrecht regelmäßig Probleme, soweit zur Berechnung der konkreten Höhe allein auf die Grundsätze der Lizenzanalogie abzustellen ist. Eine Gewinnabschöpfung scheidet mangels eines Ausschließlichkeitsrechts aus.[458]

Bei *eingetragenen* Marken kann nach § 14 Abs. 6 MarkenG Schadensersatz auch auf Basis der Lizenzanalogie oder des Verletzergewinns verlangt werden.

Beim Entschädigungsanspruch soll aber mangels eines Ausschließlichkeitsrechts gerade kein Schadensersatz geleistet werden müssen. Vielmehr ist parallel zur Patentanmeldung als Berechnungsbasis die Lizenzanalogie heranzuziehen. Hierbei wird der Betrag zugrunde gelegt, den vernünftige Dritte in der konkreten Situation als Lizenz vereinbart hätten. Welche Höhe eine solche Lizenz hat, ist regelmäßig streitig und immer vom Einzelfall abhängig.

---

453 Zum Patent *Feuerlein* in *Fitzner/Lutz/Bodewig*, § 33 Rn. 5; und oben S. 48 f.
454 Zum EPÜ siehe oben S. 25 ff.; zum PatG siehe oben S. 49 ff.
455 Expertenrecherche unter register.dpma.de: »DB = DE UND AT > 01.01.2013 UND BA = anmeldung«: Im Februar 2013 waren es 5855 angemeldete aber noch nicht eingetragene Zeichen, die ab dem 01.01.2013 angemeldet wurden.
456 Zum Patentrecht BGH GRUR 1977, 598 – Autoscooter.
457 Zum Patentrecht *Feuerlein* in *Fitzner/Lutz/Bodewig*, § 33 Rn. 6 m.w.N., s. oben S. 50.
458 Zum Patentrecht *Schäfers* in *Benkard*, § 33 Rn. 13, s. oben S. 54 f.

Bei dieser Berechnungsgrundlage darf man indes nicht stehenbleiben, denn im Markenrecht besteht zusätzlich das Problem der Verwässerung der ange-meldeten Marke. Daher wurde schon im GM-Recht dafür plädiert, den Markt-verwirrungsschaden in die Berechnung mit aufzunehmen.[459] Andernfalls würde der Markenanmelder ungleich schlechter gestellt als ein Patentanmelder, da beim Patent kein Imageproblem auftreten kann, das kostenintensiv behoben werden muss.

Unabhängig davon, ob der Marktverwirrungsschaden über das bürgerliche Recht[460] oder direkt über den Entschädigungsanspruch im Markenrecht analog § 33 PatG gewährt wird, darf die Entschädigung aber auch in diesem Fall nicht die Höhe eines vollen Schadensersatzes erreichen.

Bei der Berechnung der Entschädigung darf das Ausmaß des Verschuldens keinen Einfluss auf die Höhe haben. Mangels eines Ausschließlichkeitsrechts soll nämlich nicht der Benutzer bestraft werden, sondern allein der Anmelder einen gerechten Ausgleich für die zwischenzeitliche Nutzung seines Zeichens erhalten. Ein gerechter und vor allem angemessener Ausgleich muss daher Bezug zum Anmelder, nicht zum Benutzer des Zeichens haben.

In Fällen vorsätzlicher Schädigung des Markenanmelders ist der Entschädi-gungsanspruch deshalb nicht auf vollen Schadensersatz zu erweitern.[461] Viel-mehr ist auf bürgerlich- und lauterkeitsrechtliche Normen zurückzugreifen. Ein Schadensersatz ist dann auf Basis von § 823 Abs. 1 oder 2, §§ 826, 824 BGB oder gemäß § 9 i. V. m. §§ 3, 4 Nr. 7, Nr. 10 und auch § 5 UWG denkbar.

e)   Zwischenergebnis

Die analoge Anwendung von § 33 Abs. 1 PatG zugunsten des Markenanmelders ist der konsequente Schritt zur verfassungsrechtlich gebotenen Gleichbehand-lung von Marken- und Patentanmeldern. Die im MarkenG im Jahre 1998 ent-standene Gesetzeslücke ist planwidrig, und auch die Schutzinteressen von Marken- und Patentanmeldern nach der unfreiwilligen Veröffentlichung ihrer Anmeldung sind gleich.

Der Nutzer eines prioritätsjüngeren Kollisionszeichens muss sich parallel zu § 33 Abs. 1 PatG positives Wissen genauso wie fahrlässiges Nichtwissen der veröffentlichten Anmeldung entgegenhalten lassen.

Als Basis für die Berechnung des Entschädigungsanspruchs dient auch hier die Lizenzanalogie. Zusätzlich ist jedoch die Gefahr der Verwässerung und des Imageschadens der späteren Marke zu berücksichtigen, weshalb auf der Basis

---

459 Siehe oben S. 68.
460 Siehe oben S. 68 f.
461 Gegen *Hartmann*, S. 119.

des Marktverwirrungsschadens die Entschädigung um einen angemessenen Betrag zu erhöhen ist.

Daneben kann bei vorsätzlichen Schädigungen auf die allgemeinen Vorschriften des BGB und UWG zurückgegriffen werden.

IV. Folgeüberlegungen

Mit der Anerkennung eines Entschädigungsanspruchs für Markenanmelder im Zeitraum zwischen Veröffentlichung der Markenanmeldung und Eintragung allein ist es nicht getan, ganz gleich, ob dieser Anspruch aus einer Analogie zu § 33 PatG oder aus einer Anwartschaft hergeleitet wird. Vielmehr müssen auch die Rahmenbedingungen geschaffen werden, die dem Anmelder Rechtssicherheit und Klarheit gewähren. So sind Einschränkungen des Anspruchs (unten 1), seine Verjährung (unten 2) und ein möglicher Restentschädigungsanspruch (unten 3) und auch die prozessuale Durchsetzung (unten 4) näher zu erörtern.

1. Ausschluss des Entschädigungsanspruchs bei offensichtlicher Markenunfähigkeit – § 33 Abs. 2 PatG analog

Der Gesetzgeber hat in § 33 Abs. 2 PatG gezeigt, dass er offensichtlich patentunfähige Anmeldungen vom einstweiligen Schutz ausnehmen möchte. Bei solchen Anmeldungen soll der Entschädigungsanspruch nicht erst später wegfallen, sondern gar nicht erst entstehen.

Solche Überlegungen lassen sich auch im Markenrecht fruchtbar machen. Wie oben herausgearbeitet, entsteht bei Anmeldungen, denen absolute Schutzhindernisse entgegenstehen, mangels eintragungsfähiger Zeichen kein Anwartschaftsrecht.[462] Soweit also ein Entschädigungsanspruch auf Grundlage einer Anwartschaft angenommen wird, fallen sämtliche nicht markenfähige Anmeldungen von vornherein aus dem Schutzbereich heraus.

Doch auch mit einer Analogie zu § 33 Abs. 2 PatG gelangt man zum gleichen Ergebnis. Die hierfür notwendige planwidrige Lücke liegt vor, wenn der Gesetzgeber eine bestimmte Situation übersehen hat oder noch nicht sehen konnte. Erinnert man sich an das Zustandekommen von § 33 Abs. 3 MarkenG, so ist klar, dass der Gesetzgeber dieses Problem nicht gesehen hat.[463] Damit konnte er auch eine Ausnahme nach dem Vorbild von § 33 Abs. 2 PatG nicht erkennen. Dem Gesetzgeber ist daher der Vorwurf zu machen, den gesamten Regelungsbereich

---

462 Siehe oben S. 102 ff.; so auch *Hofmann*, S. 213 ff.
463 Siehe oben S. 90 ff.

des markenrechtlichen Entschädigungsanspruchs nicht gesehen zu haben. Von einer Planwidrigkeit der Regelungslücke ist also auch insoweit auszugehen.

Für eine entsprechende Anwendung des § 33 Abs. 2 PatG auf die markenrechtliche Konstellation müsste die Wertung, die dieser Regelung zugrunde liegt, auch auf das Markenrecht übertragbar sein.

Der Patentanmelder, der offensichtlich patentunfähige Anmeldungen einreicht, soll nicht in den Genuss eines einstweiligen Schutzes gelangen, denn er hat von vornherein keine Chance, ein Ausschließlichkeitsrecht zu erhalten. Gleiches muss für den Markenanmelder gelten. Auch er darf nicht in den Genuss eines Anspruchs gelangen, wenn von vornherein feststeht, dass das angemeldete Zeichen nicht als Marke eingetragen werden kann. In diesem Fall ist er nach der gesetzgeberischen Wertung nicht schutzwürdig.

Der Anmelder ist schutzunwürdig, wenn einer Eintragung schon im Zeitpunkt der Anmeldung absolute Schutzhindernisse entgegenstehen. Ausnahmen bestehen bei den absoluten Schutzhindernissen des § 8 Abs. 2 Nr. 1 – 3 MarkenG, wenn sich das Zeichen in den beteiligten Verkehrskreisen vor der Entscheidung durch das DPMA durchgesetzt hat (§ 8 Abs. 3 MarkenG). In diesen Fällen hat der Anmelder trotz anfänglichen Bestehens absoluter Schutzhindernisse eine Aussicht auf den späteren Rechtserwerb. Mithin liegt keine *offensichtliche* Schutzunwürdigkeit vor.[464]

Im Ergebnis fallen also nur Markenanmeldungen, die offensichtlich nicht markenfähig sind, in entsprechender Anwendung von § 33 Abs. 2 PatG aus dem einstweiligen Schutz heraus. Wie bei Patentanmeldungen fällt in solchen Fällen der Entschädigungsanspruch nicht erst später weg, sondern er entsteht erst gar nicht, wenn und weil der Anmeldung kein eintragungsfähiges Zeichen zugrunde liegt.

2.   Verjährung – § 33 Abs. 3 S. 1 PatG analog

Praktisch wichtig ist die Verjährung des Entschädigungsanspruchs. Dogmatisch kann hier auf die normalen Verjährungsvorschriften des MarkenG oder auf § 33 Abs. 3 S. 1 PatG analog zurückgegriffen werden.

Nach § 20 MarkenG unterliegen die Ansprüche wegen Verletzung einer Marke der regelmäßigen Verjährungsfrist von drei Jahren. Der patentrechtliche Entschädigungsanspruch verjährt ebenfalls nach drei Jahren, frühestens jedoch ein Jahr nach Erteilung des Patents, § 33 Abs. 3 S. 1 BGB. Damit soll verhindert

---

464 Die Frage der Verkehrsdurchsetzung spielt auch bei der Eintragung durch das DPMA eine wichtige Rolle. Wenn das DPMA die Marke unter Anwendung von § 8 Abs. 3 MarkenG einträgt, schlägt dies automatisch auf den Entschädigungsanspruch durch, der dann rückwirkend für den Zeitraum ab Eintragung geltend gemacht werden kann.

werden, dass der Anmelder allein zur Fristwahrung Klage erheben muss, ohne zu wissen, ob die angemeldete technische Lehre überhaupt patentfähig ist.[465]

Zu prüfen ist, ob die Lösung auch für den aus § 33 Abs. 1 PatG hergeleiteten markenrechtlichen Entschädigungsanspruch interessengerecht ist. Dem könnte entgegengehalten werden, dass die Eintragung der Marke nicht so lange dauert und daher die Interessenlage unterschiedlich ist.

Das Eintragungsverfahren kann aber auch bei Marken längere Zeit, manchmal sogar Jahre dauern. Wenn die Markenstelle, die formelle Mängel und absolute Schutzhindernisse prüfen muss, die Anmeldung beanstandet, setzt sie dem Anmelder regelmäßig eine Frist zur Äußerung. Der kann dann die Frist ausschöpfen oder gar noch eine Fristverlängerung beantragen.

Noch länger dauert es, wenn ein Zurückweisungsbeschluss des Erstprüfers mit der Erinnerung (§ 64 MarkenG) oder Beschwerde (§ 66 MarkenG) angegriffen wird oder wenn der Anmelder die Verkehrsdurchsetzung des angemeldeten Zeichens geltend macht (§ 8 Abs. 3 MarkenG). Deren Feststellung kann erhebliche Zeit in Anspruch nehmen. Auch kommt es vor, dass im Einzelfall das Verfahren formell ausgesetzt wird oder die Markenstelle mit Rücksicht auf ein Musterverfahren die Entscheidung über die Anmeldung im Einvernehmen mit dem Anmelder für eine längere Zeit bis zur rechtskräftigen Entscheidung des Musterverfahrens zurückstellt.[466] Und schließlich kommt es auch beim DPMA aufgrund der hohen Arbeitsbelastung zu erheblichen Verzögerungen.[467]

Nicht selten kommt auch im Markenrecht das Eintragungsverfahren erst nach mehreren Jahren zum Abschluss.

So gibt es viele angemeldete Zeichen, die auch drei Jahre nach der Anmeldung aus unterschiedlichen Gründen noch nicht eingetragen worden sind.[468] In diesen Fällen wäre der Anmelder also gezwungen, zur Durchsetzung seiner Rechte vor der späteren Eintragung prophylaktisch Klage gegen den Nutzer des prioritätsjüngeren Kollisionszeichens einzureichen. Damit steht der Markenanmelder vor genau der gleichen Situation, die bei Patentanmeldungen mit § 33 Abs. 3 S. 1 PatG verhindert werden soll. Die Interessenlage von Patent- und Markenanmeldern ist somit durchaus vergleichbar.

Damit liegen die Voraussetzungen für eine analoge Anwendung von § 33 Abs. 3 S. 1 PatG vor, sodass abweichend von § 20 MarkenG die Verjährung des markenrechtlichen Entschädigungsanspruchs frühestens ein Jahr nach Markeneintragung eintreten darf.

---

465 Begr. RegE BT-Dr. 8/2087, S. 29 a.E.; s. oben S. 55 ff.
466 So geschehen beim angemeldeten Zeichen »WM 2010«.
467 Auskunft eines Erinnerungsprüfers des DPMA vom 28.06.2010.
468 Im Dezember 2013 waren es 424 Zeichen, die bis zum 31.12.2009 angemeldet, aber noch nicht eingetragen wurden: register.dpma.de suche; DB = DE UND AT < 31.12.2009 UND AST = anmeldung-eingegangen.

Dem Gesetzgeber steht aber grundsätzlich noch eine andere Möglichkeit offen. In Anlehnung an § 37 Abs. 3 SortSchG könnte nicht der Anmelder, sondern erst der Markeninhaber für aktivlegitimiert erklärt werden. Wie in § 37 f SortSchG würde die Verjährungsfrist dann erst mit Schluss des Jahres der Entstehung des Anspruchs zu laufen beginnen. Damit wäre der Anmelder sogar noch besser gestellt als im Patentrecht, da er ab Eintragung regelmäßig drei Jahre Zeit hat, seinen Anspruch durchzusetzen. Wenn der Anspruch, der bei Patenten ohnehin meistens erst nach Patenterteilung geltend gemacht wird, nur rückwirkend vom Markeninhaber geltend gemacht werden könnte, ließen sich auf einfache Weise viele Probleme lösen. Auch das Drohpotential einer Markenanmeldung würde durch den erst nach Eintragung der Marke entstehenden Entschädigungsanspruch deutlich abnehmen.[469]

3.   Restentschädigungsanspruch – § 33 Abs. 3 S. 2 PatG analog

Für die Zeit nach Verjährung der Verletzungsansprüche findet gemäß § 20 S. 2 MarkenG und § 141 S. 2 PatG der § 852 BGB entsprechende Anwendung, soweit der Verpflichtete auf Kosten des Berechtigten etwas erlangt hat. Entsprechendes regelt § 33 Abs. 3 S. 2 PatG für den Entschädigungsanspruch des Patentanmelders[470] und § 37 f SortSchG für den rückwirkenden Entschädigungsanspruch des Sortenschutzinhabers.[471]

Fraglich ist, ob diese Regelung auch für den Markenanmelder nutzbar gemacht werden kann. Im Patentrecht bestanden keine Gründe, die Erfindung zwischen ihrer erzwungenen Offenbarung und der Erteilung des Patents nicht zu schützen.[472] Der Markenanmelder befindet sich in derselben ungünstigen Situation wie ein Patentanmelder. Ein Dritter könnte durch die zwischenzeitliche Nutzung des angemeldeten Zeichens Gewinn erzielen, ohne dass der Markenanmelder das verhindern oder daran partizipieren könnte. Stattdessen muss der Anmelder teilweise hohe Beträge für die Imagewerbung oder Gestaltung des Zeichens investieren.

Ein Vergleich mit dem Werktitelschutz, bei dem die Investitionskosten so schwer gewichtet werden, dass Titelschutzanzeigen nach Ansicht mancher sogar einstweilig Vollwirkungen auslösen sollen,[473] zeigt, dass solche Ausgaben bei

---

469 Siehe unten S. 130 zur Nichtanwendbarkeit des § 37 Abs. 3 SortSchG in Markensachen mangels Analogiefähigkeit. Der Gesetzgeber könnte hier durch Änderung des § 33 PatG Abhilfe schaffen und gleichfalls eine parallele Norm im MarkenG einfügen.
470 Hierzu oben S. 55 ff.; zum Patent *Kühnen* in *Schulte*, § 33 Rn. 12; *Mes*, § 33 Rn. 12; *Schäfers* in *Benkard*, § 33 Rn. 14a f.
471 Zum Sortenschutz s. unten S. 127 ff.
472 Hierzu oben S. 55 ff.
473 Hierzu oben S. 94 ff.

Kennzeichen den größten und wichtigsten Posten darstellen. § 852 BGB würde zur Abschöpfung zumindest eines Teils der Vorteile beitragen, die der Dritte aus der Nutzung des fremden Zeichens gezogen hat, auch wenn der Entschädigungsanspruch schon verjährt ist.

Eine etwaige Gewinnabschöpfung ist aber wie im Patentrecht nur bis zur Höhe einer angemessenen Entschädigung möglich, weil sonst das Entschädigungssystem unterlaufen würde.[474]

§ 852 BGB setzt jedoch voraus, dass der Nutzer zwischen Bekanntmachung und Eintragung der Marke tatsächlich einen Gewinn erzielt hat, um den er noch bereichert ist. Diese Tatsache wird sich oft nur schwer nachweisen lassen, da der Nutzer regelmäßig bestrebt ist, seinen Gewinn möglichst klein zu rechnen.

4. Rückwirkender Wegfall des Entschädigungsanspruchs

Der Anspruch auf angemessene Entschädigung besteht nur, wenn es zur Eintragung der Marke in das Register kommt. Der Anspruch ist ausgeschlossen, wenn die Anmeldung zurückgenommen oder vom DPMA zurückgewiesen wird (§§ 39 Abs. 1, 37 MarkenG). Auch entfällt der Anspruch (teilweise), wenn die Marke zwar eingetragen wurde, später aber (teilweise) gelöscht wird (§ 43 Abs. 2 MarkenG). Auch die erfolgreiche Löschungsklage eines Dritten bringt die Marke und damit den Entschädigungsanspruch rückwirkend zu Fall (§§ 51 Abs. 1 und 5, 50, 52 Abs. 2 MarkenG). Eine bereits gezahlte Entschädigung kann dann unter den Voraussetzungen von §§ 812 ff. BGB (teilweise) zurückgefordert werden.[475]

5. Aussetzung des Verfahrens – § 140 PatG analog

Zu überlegen bleibt, ob deutsche Gerichte analog § 140 Abs. 1 PatG die Möglichkeit erhalten sollten, ein Entschädigungsverfahren solange auszusetzen, bis die Entscheidung über die Eintragung der Marke feststeht.

Eine planwidrige Regelungslücke wurde bereits festgestellt.[476] Fraglich ist allein, ob eine vergleichbare Interessenlage vorliegt.

Nach § 140 S. 1 PatG ist eine Aussetzung nur möglich, wenn die gerichtliche Entscheidung im Prozess davon abhängt, ob der Anspruch nach § 33 Abs. 1 PatG besteht. Eine Aussetzung ist dann bis zum Erlass des Patenterteilungsbeschlusses nach § 49 PatG denkbar. Meist wird aber bis zur Rechtskraft des DPMA-Beschlusses ausgesetzt, um einer weiteren Aussetzung wegen einer

---

474 Siehe oben S. 55 ff.
475 Zum Patent *Feuerlein* in *Fitzner/Lutz/Bodewig*, § 33 Rn. 8; *Kühnen* in *Schulte*, § 33 Rn. 14.
476 Siehe oben S. 110 ff.

möglichen Beschwerde des Anmelders gegen den Beschluss des DPMA vorzubeugen.[477]

Damit wird sichergestellt, dass die Gerichte nicht inzident prüfen, ob die angemeldete, aber noch nicht eingetragene Erfindung tatsächlich schutzfähig ist. Das ist vielmehr allein Aufgabe des DPMA. Eine Ausnahme hiervon macht § 33 Abs. 2 PatG nur bei offensichtlich patentunfähigen Anmeldungen. In einem solchen Fall darf das Gericht die Klage unmittelbar abweisen, ohne die Entscheidung des DPMA abwarten zu müssen.[478]

Eine vergleichbare Situation müsste im Markenrecht vorliegen. Die Entscheidung über die Eintragung der Marke obliegt ebenfalls allein dem DPMA. Würde nun ein Gericht einen Entschädigungsanspruch zuerkennen, das Zeichen später aber vom DPMA rechtskräftig nicht eingetragen werden, bestünde dieselbe Situation, die im Patentrecht durch § 140 PatG vermieden werden soll. Im Interesse der Rechtsklarheit und der Vermeidung widersprüchlicher Entscheidungen ist § 140 PatG damit entsprechend auch auf markenrechtliche Entschädigungsansprüche anzuwenden.

Allerdings muss auch hier eine Ausnahme bei Anmeldungen offensichtlich nicht markenfähiger Zeichen gemacht werden. In solchen Fällen kommt keine Aussetzung, sondern nur die Abweisung der Klage in Betracht, §§ 33 Abs. 2, 140 PatG analog. Hierzu zählt das offensichtliche Vorliegen absoluter Schutzhindernisse.[479]

Dem Gesetzgeber steht aber auch diesbezüglich eine andere Möglichkeit offen, um die Probleme der Aussetzung zu vermeiden. Durch die rückwirkende Aktivlegitimation nur des Markeninhabers könnte sich wie in § 37 Abs. 3 SortSchG eine Aussetzung des Verfahrens erübrigen. Es kann also nicht wie im Patentrecht schon der Anmelder Klage erheben, sondern erst der Inhaber des Vollrechts. Damit würde neben dem Verjährungsproblem auch das Aussetzungsproblem elegant gelöst.[480]

6. Durchsetzung

Nachdem die Grundlage des Entschädigungsanspruchs deutscher Markenanmelder im Zeitraum zwischen Anmeldung und Eintragung der Marke ermittelt und die weiteren sich hieraus ergebenden Folgen herausgearbeitet wurden, bleibt die Frage nach der gerichtlichen Durchsetzung.

---

477 *Kühnen* in *Schulte*, § 140 Rn. 7 ff.
478 OLG Karlsruhe Mitt. 1973, 112.
479 Siehe oben S. 103 ff.; zum Patent *Rogge/Grabinski* in *Benkard*, § 140 Rn. 3.
480 Siehe unten S. 118 zu den Vorteilen einer solchen Regelung und der Nichtanwendbarkeit in Markensachen durch eine Analogie, unten S. 130.

a)　Internationale Zuständigkeit

Gegenüber Benutzern aus anderen EU-Mitgliedstaaten ergibt sich die internationale Zuständigkeit aus der EuGVO. Der allgemeine Gerichtsstand liegt damit gemäß Art. 2 Abs. 1 EuGVO/ LugÜ am Wohnsitz des oder eines Handelnden (Art. 6 Abs. 1 EuGVO/ LugÜ).

Der Gerichtsstand der unerlaubten Handlung (Art. 5 Nr. 3 EuGVO/ LugÜ), der allenfalls bei Benutzungshandlungen eines Ausländers im Inland gegeben sein kann, konnte im Patentrecht nicht angewandt werden, da vor Patenterteilung von einer unerlaubten (rechtswidrigen) Benutzung keine Rede sein kann.[481]

Dieser Ausschluss muss auch für Entschädigungsansprüche im deutschen Markenrecht greifen. Das Ausschließlichkeitsrecht besteht nach § 4 Nr. 1 MarkenG ebenfalls erst ab Eintragung des Zeichens als Marke. Damit ist klar, dass wie im Patentrecht die Benutzung des Zeichens vor Eintragung nicht rechtswidrig sein kann. Erst mit Erhalt des Ausschließlichkeitsrechts kann ein Zeichen rechtswidrig genutzt werden.

Folglich kann auch im Markenrecht nicht auf den Gerichtsstand der unerlaubten Handlung zurückgegriffen werden, wenn sich die Entschädigungsansprüche auf Handlungen beziehen, die zwischen Veröffentlichung der Anmeldung und Eintragung der Marke vorgenommen worden sind.

Dem Kläger bleibt daher wiederum nur die Möglichkeit, mit dem späteren Beklagten vorab eine Gerichtsstandsvereinbarung zu treffen (Art. 23 EuGVO/ LugÜ) oder auf eine rügelose Einlassung des Beklagten zu hoffen, Art. 24 EuGVO/ LugÜ.

b)　Örtliche und sachliche Zuständigkeit

Die örtliche Zuständigkeit richtet sich nach den allgemeinen Regeln der ZPO, die sachliche nach § 140 Abs. 1 MarkenG. Danach sind die Landgerichte in Kennzeichenstreitigkeiten unabhängig vom Streitwert ausschließlich zuständig. Zur Bündelung der Kompetenz und Erfahrung sind die Landesregierungen auch hier nach § 140 Abs. 2 MarkenG ermächtigt, Kennzeichenstreitsachen auf bestimmte Landgerichte zu konzentrieren.

c)　Anwendbares Recht

Das anwendbare Recht bestimmt sich auch hier nach Art. 8 Abs. 1 Rom II – VO, d. h. es gilt die lex loci protectionis.[482]

481　Siehe oben S. 29 f.
482　Siehe oben S. 32.

V.   Ergebnis

Der deutsche Markenanmelder steht im internationalen Vergleich nach der Veröffentlichung seiner Anmeldung schutzlos da. Viele europäische Nachbarstaaten wie Frankreich, England oder die Benelux-Staaten haben das Problem von veröffentlichten Markenanmeldungen gesehen und dem Anmelder zumindest einen Entschädigungsanspruch an die Hand gegeben. In Deutschland bestehen solche Ansprüche nach dem Gesetz nicht, da der Gesetzgeber 1998 bei der Einfügung von § 33 Abs. 3 MarkenG die Schutzlücken übersehen hat.

Damit wird der deutsche Markenanmelder in verfassungswidriger Weise schlechter gestellt als der Patentanmelder.[483] Solange der deutsche Gesetzgeber hier nicht nachbessert, muss die Lösung auf anderem Wege gesucht werden.

In Betracht kommt ausschließlich ein Entschädigungsanspruch, der auf eine Analogie zu § 33 PatG gestützt werden kann. Der Entschädigungsanspruch kann aber wie in § 33 Abs. 2 PatG auch im Markenrecht nicht entstehen, wenn der Eintragung des angemeldeten Zeichens offensichtlich absolute Schutzhindernisse entgegenstehen.

Die Verjährung des Entschädigungsanspruchs tritt analog § 33 Abs. 3 S. 1 PatG nicht vor Ablauf eines Jahres nach der Markeneintragung ein, um den Anmelder nicht zu einer prophylaktischen Klageerhebung zu zwingen. Auch der Restentschädigungsanspruch nach § 852 BGB ist im Markenrecht analog § 33 Abs. 3 S. 2 PatG nutzbar.[484]

Wenn sich der Gesetzgeber nicht nach dem nachahmenswerten Vorbild von § 37 Abs. 3 SortSchG für eine rückwirkende Aktivlegitimation nur des Markeninhabers entscheidet, ist § 140 PatG analog auf die Aussetzung des Entschädigungsverfahrens vor Markeneintragung anwendbar.

---

483 Siehe oben S. 93 f.
484 Genau wie im Patent- und SortSchG, s. oben S. 55 ff. und unten S. 127 ff.

Teil 3: Andere gewerbliche Schutzrechte

A. Gemeinschaftsgeschmacksmuster

I. Grundlagen

Das Geschmacksmusterrecht (Design) schützt Muster und Modelle, vereinfacht gesagt, die ästhetische Gestaltung. Das Gemeinschaftsgeschmacksmuster[485] ist ein einheitliches unionsweites Schutzrecht, das grundsätzlich selbstständig neben die nationalen Geschmacksmusterrechte tritt und als Ganzes steht oder fällt.[486]

Zu unterscheiden ist zwischen einem *eingetragenen* (Art. 1 Abs. 2 lit. b GGV) Gemeinschaftsgeschmacksmuster, das ab Eintragung 25 Jahre Schutz[487] gegen jegliche Benutzung gewährt (Art. 19 Abs. 1 GGV), und einem *nicht eingetragenen* Gemeinschaftsgeschmacksmuster (Art. 1 Abs. 2 lit. a GGV), das einen formlosen Schutz für drei Jahre ab öffentlicher Zugänglichmachung des Musters[488] gegen Nachahmungen gewährt (Art. 19 Abs. 2 GGV).

II. Sanktionen

Die GGV bietet ein sehr schnelles Verfahren zur Erlangung eines eingetragenen Gemeinschaftsgeschmacksmusters, da weder eine Veröffentlichung der Anmeldung noch eine materielle Prüfung der Schutzvoraussetzungen stattfinden (Artt. 45 ff. GGV).[489] Der Schutz des eingetragenen Gemeinschaftsgeschmacksmusters entsteht gemäß Artt. 48 S. 1, 12 S. 1 GGV mit der Eintragung.

---

485 Eingeführt durch die Verordnung (EG) Nr. 6/2002 des Rates über das Gemeinschaftsgeschmacksmuster, EG-ABl. 2002 L 3, S. 1 ff.
486 *Ruhl*, Art. 1 GGV, Rn. 1 ff.
487 Art. 12 GGV.
488 Art. 11 Abs. 1 GGV.
489 Bekanntmachung allein der Eintragung des GemGeschmacksmusters, Art. 49 GGV.

Bemerkenswert ist, dass Art. 48 S. 2 GGV den Tag der Eintragung auf den Tag der Anmeldung zurückdatiert. Dies wirft bei einer Benutzung des Musters zwischen Anmeldung und Eintragung erhebliche Probleme auf.

Einerseits könnte hiermit eine echte Rückwirkung gemeint sein, wodurch Unterlassungs-, Bereicherungs- oder Schadensersatzansprüche ab dem Datum der Anmeldung geltend gemacht werden können.[490] Andererseits ist zu überlegen, ob ein solches Ergebnis nicht systemwidrig wäre und der Gesetzgeber durch diese Rückdatierung nur das Muster ausschließlich dem Anmelder zuordnen wollte, ohne dass sich hieraus weitergehende Rechtsfolgen ergeben sollten.[491]

Eine vergleichbare Regelung gibt es weder im EPÜ, dem (P)MMA noch in der GMV. In ausländischen nationalen Gesetzen findet sich eine solche Rückwirkung allerdings häufiger.

Ob tatsächlich eine echte Rückwirkung gemeint ist, lässt sich aus der Sanktionenstruktur erkennen. Der von der GGV gewährte Unterlassungsanspruch (Art. 19 Abs. 1 GGV) ist verschuldensunabhängig.[492] Daher geht insbesondere *Auler* davon aus, dass es keinen Grund gebe, einen solchen Anspruch im Zeitraum zwischen Anmeldung und Eintragung zu versagen oder auf Nachahmungen zu beschränken.[493] Folglich könnte der Anmelder ab dem Tag der Anmeldung Dritten die Benutzung des Musters untersagen.

Dieses Ergebnis widerspricht aber nicht nur Art. 48 S. 1 GGV, sondern wäre mit Blick auf Art. 19 Abs. 3 auch systemfremd. Danach erhält ein eingetragenes, aber nicht bekanntgemachtes Gemeinschaftsgeschmacksmuster ab der Eintragung nur einen Schutz vor Nachahmung, Art. 19 Abs. 2 und 3 GGV. Würde man nun einen (Voll-) Schutz durch den Umstand der Rückdatierung der Eintragung annehmen, so würde der Anmelder bis zur Eintragung tatsächlich besser geschützt (Vollschutz) als nach der Eintragung (Schutz allein gegen Nachahmungen). Ohne ein Vollrecht können aber keine weitergehenden Rechtsfolgen bestehen als mit Vollrecht. Diese Rechtsfolgen lassen sich nicht miteinander vereinbaren.[494]

Noch eindeutiger ist die Situation mit Blick auf Schadensersatzansprüche, die in aller Regel an ein Verschulden gekoppelt sind. Mangels Veröffentlichung der Anmeldung erlangt der Benutzer keine Kenntnis. Damit sind Schadensersatz-

---

490 *Auler* in *Büscher/Dittmer/Schiwy,* Art. 19 GGV Rn. 4 f.
491 Für eine Rückwirkung: *Eichmann/v. Falckenstein,* § 27 Rn. 5; *Ahrens,* Rn. 456; *Kur,* GRUR
      2002, 661, 668; a.A. *Ruhl,* Art. 19 Rn. 2 f., *Bulling/Langöhrig/Hellwig,* Rn. 155.
492 BGHZ 14, 163, 170; 37, 30, 37.
493 *Auler* in *Büscher/Dittmer/Schiwy,* Art. 19 GGV Rn. 4.
494 So auch *Ruhl,* Art. 19 Rn. 3.

ansprüche ausgeschlossen und das »Vollrecht« sogleich entwertet. Ansprüche wegen Nachahmungen sind ebenfalls mangels Kenntnis ausgeschlossen.[495]

Im Ergebnis kann die Rückdatierung nur bewirken, dass die Rechtsposition ab dem Tag der Anmeldung (Art. 48 S. 2 GGV) dem Anmelder zugeordnet wird, sodass es möglich ist, auf Basis von Art. 19 Abs. 3 GGV Bereicherungsansprüche wegen Eingriffs in den Zuweisungsgehalt eines fremden Rechts[496] für die Zeit zwischen Anmeldung und Eintragung geltend zu machen.[497] Problematisch hieran ist jedoch, dass ein solcher Anspruch verschuldensunabhängig ist, d.h. die Bereicherung ohne Verschulden des Bereicherten abgeschöpft werden kann.

Eine solche Rechtsfolge widerspräche ebenfalls Art. 19 Abs. 3 GGV, da der Anmelder bei Aufschiebung der Bekanntmachung ab Eintragung des Musters wieder schlechter gestellt würde (nur Schutz gegen Nachahmungen)[498] als im Zeitraum ab Anmeldung (voller Bereicherungsausgleich für jegliche Benutzungen). Eine von *Ruhl* vorgeschlagene Begrenzung dieses Bereicherungsanspruchs allein auf Nachahmungen[499] ist daher zwingend erforderlich, um systemwidrige Ergebnisse zu vermeiden, denn durch die Anmeldung können nicht mehr Rechte entstehen, als nach der Eintragung (ohne Bekanntmachung) bestünden.

Zusammenfassend ist festzustellen, dass der Anmelder in jeglichen Konstellationen ausreichend geschützt wird. Ohne eine behördliche Veröffentlichung der Anmeldung ist auch kein zusätzlicher einstweiliger Schutz erforderlich.

Zu beachten ist jedoch, dass die Wirkungen des Musterschutzes schon vor dem Anmeldetag beginnen können. Bei einem *nicht eingetragenen* Gemeinschaftsgeschmacksmuster, dessen Wirkung nach Art. 11 Abs. 1 GGV ab Zugänglichmachung der Öffentlichkeit eintritt, können Abwehransprüche nach Artt. 11 Abs. 2, 19 Abs. 2 GGV iVm § 42 DesignG nur gegen Nachahmungen entstehen.[500] Nach Offenbarung kann das Muster noch innerhalb von 12 Monaten als Gemeinschaftsgeschmacksmuster angemeldet werden, um einen vollen Musterschutz zu erhalten, Art. 7 Abs. 2 lit. b GGV.

---

495 Vgl. *Ruhl*, Art. 19 Rn. 3; *Auler* in *Büscher/Dittmer/Schiwy*, Art. 19 GGV Rn. 5.
496 § 812 Abs. 1 S. 1 Alt. 2 BGB.
497 So auch *Ruhl*, Art. 19 Rn. 3; *Auler* in *Büscher/Dittmer/Schiwy*, Art. 19 GGV Rn. 5.
498 Der Inhaber des dann eingetragenen Musters erhält bis zur Bekanntmachung nur Schutz gegen Nachahmungen, Art. 19 Abs. 2 und 3 GGV.
499 *Ruhl*, Art. 19 Rn. 3
500 *Bulling/Langöhrig/Hellwig*, Rn. 155.

III.   Durchsetzung

Bezüglich der Zuständigkeit und des anwendbaren Rechts (Artt. 80 ff. GGV) ergeben sich keine Unterschiede zur GMV.[501]

B.   Haager Abkommen über die internationale Eintragung gewerblicher Muster und Modelle (HMA)

Das HMA in der Genfer Fassung[502] bietet die Möglichkeit, mit nur einer internationalen Anmeldung in allen benannten Vertragsstaaten[503] ein nationales Geschmacksmusterrecht zu erwerben. Anders als in der GGV wird hier kein einheitliches Geschmacksmusterrecht erteilt, sondern nur ein Bündel nationaler Rechte. Die Verwaltung des HMA liegt wie beim (P)MMA und PCT bei der WIPO.

Schutzlücken entstehen durch das HMA nicht. Nach Eingang der Anmeldung (Art. 4 HMA) erfolgt eine bloße formale Prüfung. Das internationale Büro trägt dann die Anmeldung unmittelbar in das Register ein, Art. 10 HMA. Datum der Eintragung ist das Datum des Eingangs der Anmeldung, Artt. 10 Abs. 2, 9 Abs. 1 HMA.

Vorbehaltlich einer Schutzverweigerung durch die Vertragsstaaten[504] hat die Eintragung in den jeweiligen Staaten mindestens dieselbe Wirkung wie ein dort ordnungsgemäß eingereichter Antrag auf Schutzerteilung für das gewerbliche Muster oder Modell.

In Deutschland hat die internationale Eintragung nach § 71 DesignG dieselbe Wirkung, als wenn das Muster an diesem Tag beim Deutschen Patent- und Markenamt als eingetragenes Design *angemeldet* und in dessen Register *eingetragen* worden wäre.

Wie schon bei der internationalen Anmeldung von Marken (MMA/ PMMA) erhält der Anmelder daher Schutz ab dem Tag, an dem die Anmeldung beim zuständigen Amt eingegangen ist.[505] Damit bestehen keine Schutzlücken.

---

501 Hierzu oben S. 74 ff.; Die GGV kennt indes keinen Ausschluss negativer Feststellungsklagen am Gerichtsstand des Begehungsortes; vgl. *Schack*, FS Stürner, 1342 ff.

502 Haager Musterabkommen vom 06.11.1925 (RGBl. 1928 II S. 175, 203; BGBl. 1962 II S. 774) in der Genfer Fassung vom 02.07.1999, BGBl. 2009 II S. 837.

503 58 Vertragsstaaten sowie die EU und OAPI; aktueller Stand unter www.wipo.int/export/ sites/www/treaties/
en/documents/pdf/hague.pdf.

504 Vgl. § 69 DesignG.

505 Siehe hierzu die Ausführungen zur IR-Marke, oben S. 77 ff.

C.   Deutsches Design

Das deutsche eingetragene Design besteht parallel zum Gemeinschaftsgeschmacksmuster. Vor der Geschmacksmusterrichtlinie[506] begann der Schutz
direkt mit der Anmeldung, § 7 Abs. 1 GeschmMG a. F. Seit dem 01.06.2004
beginnt der Schutz gemäß § 27 Abs. 1 DesignG erst mit der Eintragung in das
Register.

Schutzlücken oder Rückwirkungen treten im DesignG trotzdem nicht auf.
Der Entwerfer oder dessen Rechtsnachfolger ist nach Veröffentlichung des
Musters durch ein nicht eingetragenes Gemeinschaftsgeschmacksmuster gegen
Nachahmungen ausreichend geschützt.[507] Ein darüber hinausgehender
einstweiliger Schutz ist nicht erforderlich.

D.   Sortenschutz

Vergleichbar mit dem Patent- ist der Sortenschutz. Während beim Patent eine
technische Erfindung mit einem Ausschließlichkeitsrecht belohnt wird, wird im
Sortenschutz eine definierte Pflanzensorte geschützt.

I.   Schutzsystem

Auf Basis des SortSchG[508] und auf Unionsebene der GSV[509] kann Schutz für
Sorten des gesamten Pflanzenreiches beantragt werden.[510] Die Prüfung des
Antrags umfasst ähnlich wie beim Patent die Neuheit, Unterscheidbarkeit und
Homogenität.

Europäische als auch deutsche Sortenschutzanträge werden öffentlich
bekannt gemacht (§ 24 Abs. 1 SortSchG, Art. 87 Abs. 1 lit. a GSV). Die Prüfung
der Sorte kann bis zur Erteilung des Sortenschutzes lange Zeit in Anspruch

---

506 RL 98/71/EG vom 13.10.1998 über den rechtlichen Schutz von Mustern und Modellen, EG-
     ABl. L 289, S. 28.
507 Siehe oben S. 123 ff.
508 Sortenschutzgesetz in der Fassung der Bekanntmachung vom 19.12.1997 (BGBl. I 3164),
     zuletzt geändert durch Art. 13 des Gesetzes vom 09.12.2010 (BGBl. I 1934).
509 VO (EG) 2100/94 vom 27.07.1994 über den gemeinschaftlichen Sortenschutz, EG-
     ABl. 1994 L 227, S. 1. Seit Einrichtung im Jahre 1995 wurden beim Gemeinschaftlichen
     Sortenamt mit Sitz in Angers (FR) 44758 Anträge eingereicht und 33559 gemeinschaftliche
     Ausschließlichkeitsrechte erteilt.
510 Hiervon ausgenommen sind Mikroorganismen.

nehmen.[511] Dritte können in dieser Zeit die Sorte nutzen und mit ihr Weiter-
züchtungen vornehmen.

Daher hat der Gesetzgeber parallel zu § 33 PatG, in § 37 Abs. 3 SortSchG einen
Vergütungsanspruch für die Zeit zwischen Bekanntmachung des Schutzantrags
und Erteilung des Sortenschutzes vorgesehen. Dem entspricht auf Unionsebene
Art. 95 GSV.

Ungeachtet des Ausdrucks »Vergütung« handelt es sich hierbei wie in § 33
PatG nicht um einen Schadensersatz-, sondern um einen Entschädigungsanspruch, denn eine rechtswidrige – schadensersatzauslösende – Handlung ist erst
ab Erteilung des Ausschließlichkeitsrechts denkbar, § 10 SortSchG; Art. 13 GSV.

Geltend gemacht werden kann dieser Anspruch aber erst ab Erteilung des
Sortenschutzes.[512] Das folgt aus § 37 Abs. 3 SortSchG, der nur den Sortenschutzinhaber aktivlegitimiert.

§ 33 PatG spricht dagegen den Entschädigungsanspruch schon dem Anmelder zu. Damit erübrigt sich im Sortenschutzrecht eine § 140 PatG entsprechende
Regelung zur Aussetzung des Verfahrens.[513]

Wie in § 33 PatG bestimmt sich die Anspruchshöhe nach den Grundsätzen
der Lizenzanalogie.[514] Weitergehende Ansprüche sind ebenso wie im Patentrecht
ausgeschlossen.

II.   Verjährung und Restentschädigung

Nach § 37 f SortSchG finden auf sortenschutzrechtliche Ansprüche die
allgemeinen Verjährungsvorschriften des BGB Anwendung. Das gilt auch für
den Entschädigungsanspruch aus § 37 Abs. 3 SortSchG.

Auffallend ist, dass entgegen § 33 Abs. 3 PatG die Verjährung nicht frühestens
ein Jahr nach Erteilung des Sortenschutzes eintritt. Grund hierfür ist, dass der
Anspruch auf angemessene Vergütung erst entsteht, wenn es zur Schutzerteilung
gekommen ist. Erst dann beginnt die gesetzliche Verjährungsfrist zu laufen.
Damit ist im SortSchG neben der Aussetzung des Verfahrens[515] auch die
Verjährung eleganter als im PatG gelöst.

§ 37 f SortSchG verweist ebenfalls auf § 852 BGB. Im Patentrecht wird daraus
ein Restschadensersatz- bzw. vor Patenterteilung ein Restentschädigungsanspruch hergeleitet.[516] Gleiches muss im SortSchG gelten.

---

511 Insbesondere die Anbauprüfungen können über Jahre dauern.
512 *Leßmann/Würtenberger,* § 7 Rn. 49 ff.; *Nirk/Ullmann,* S. 228.
513 Zum Marken- und Patentrecht s. oben S. 120.
514 Siehe oben S. 27 f. und 54 f.; *Nirk/Ullmann,* S. 228; *Leßmann/Würtenberger,* § 7 Rn. 188.
515 Zum Sortenschutz s. oben S. 127 ff.
516 Siehe hierzu oben S. 55 ff.

In der GSV richtet sich die Verjährung nach Erteilung des Schutzes nach Artt. 96, 97 Abs. 2. Der Anspruch verjährt in drei Jahren ab Erteilung und Kenntnis, spätestens jedoch 30 Jahre nach Vollendung der Benutzungshandlung. Art. 97 Abs. 2 GSV eröffnet einen nationalen Bereicherungsanspruch für die Zeit zwischen Bekanntmachung und Schutzerteilung. Dieser Anspruch beschränkt sich aber ebenfalls auf eine angemessene Vergütung, andernfalls würde Art. 95 GSV unterlaufen.

III.   Durchsetzung

1.   Internationale Zuständigkeit

Die internationale Zuständigkeit für Klagen aus § 37 Abs. 3 SortSchG richtet sich mangels spezieller Regelungen nach den allgemeinen Vorschriften der EuGVO bzw. des LugÜ.

Für Streitigkeiten wegen Ansprüchen aus Art. 95 GSV richtet sich die internationale Zuständigkeit nach Art. 101 Abs. 2 GSV.

Danach sind die Gerichte des Mitgliedstaates zuständig, in welchem der Beklagte seinen Wohnsitz/ Niederlassung hat (Art. 101 Abs. 2 lit. a GSV).[517] Zur internationalen Zuständigkeit am Begehungsort regelt Art. 101 Abs. 3 GSV abweichend von Art. 82 Abs. 5 GGV und Art. 97 Abs. 5 GMV auch die örtliche Zuständigkeit.[518]

Daneben kann gemäß Art. 102 Abs. 2 GSV die internationale Zuständigkeit auch durch eine Prorogation oder rügelose Einlassung (Artt. 23, 24 EuGVO/ LugÜ) begründet werden.

2.   Örtliche und sachliche Zuständigkeit

In Streitigkeiten über den Gemeinschaftssortenschutz verweist Art. 101 Abs. 4 GSV bzgl. des Verfahrens sowie der örtlichen und sachlichen Zuständigkeit auf das jeweilige nationale Recht.

Letztere bestimmt sich in Deutschland nach § 38 SortSchG, wonach die Landgerichte ohne Rücksicht auf den Streitwert ausschließlich zuständig sind.

---

517 Ausführlich *Schack*, FS Stürner, 1342 ff.

518 In der GSV ist abweichend von GMV und GGV auch kein Ausschluss von negativen Feststellungsklagen am Gerichtsstand des Begehungsortes vorhanden. Zur begrenzten Kognitionsbefugnis s. oben S. 70 und 75; *Schack*, FS Stürner, 1342 ff.

IV.   Nichtanwendbarkeit in Markensachen

Aufgrund der überaus gelungenen Formulierung des § 37 Abs. 3 SortSchG und den daraus resultierenden Vorzügen bei Verjährung und Klagebefugnis wäre es denkbar, diese parallel zum PatG geschaffene Norm als Grundlage für einen Anspruch des Markenanmelders fruchtbar zu machen. Nach den oben gewonnenen Erkenntnissen müsste diese Anspruchsgrundlage aber auf einer Analogie basieren. Hierbei bestehen mit Blick auf den Ablauf des Verfahrens ganz erhebliche Bedenken. Gerade wegen der oft langwierigen Anbauprüfung in verschiedenen Versuchsreihen entfernt sich die Vergleichbarkeit der Interessenlage zu sehr von den markenrechtlichen Gegebenheiten. Auch sollte im Markenrecht nicht durch die Anwendung einer Norm, die bei jährlich ca. 600 Sortenschutzanmeldungen nur sehr geringe Bedeutung hat, ein – der Verjährung geschuldetes – höheres Schutzniveau geschaffen werden, wo doch der nach Anmeldezahlen vergleichbare § 33 PatG deutlich naheliegender ist. Denn letztlich stellt das SortSchG nur eine Sonderregelung zum Schutz von (Sorten-) Erfindungen dar,[519] die keine dogmatisch saubere Grundlage für das größte gewerbliche Schutzrecht in Deutschland bieten kann.

V.   Ergebnis

Der einstweilige Schutz wurde im Sortenschutzrecht anders geregelt als im Patent- oder Markenrecht. Letztlich kann der Sortenschutzinhaber aber auch nur Entschädigungsansprüche für den Zeitraum zwischen Veröffentlichung der Anmeldung und Eintragung des Rechts geltend machen. Jedoch ist die Verjährung für den Gläubiger günstiger geregelt. Andererseits ist das Drohpotential ggü. Dritten geringer, da der Entschädigungsanspruch erst ab Eintragung (rückwirkend) entsteht. Damit erübrigt sich auch eine Aussetzung eines gerichtlichen Verfahrens vor Eintragung des Schutzrechts. Auch die Befürworter weitergehender Ansprüche vor Vollrechtserwerb haben es schwerer, da vor Eintragung noch gar keine einstweiligen Ansprüche bestehen, die möglicherweise erweitert werden könnten.[520] Eine analoge Anwendung in Markensachen ist wegen der Spezialität des Gesetzes aber nicht möglich. Hier müsste der

---

519   § 41 Abs. 2 SortSchG stellt die Verknüpfung zwischen Patent- und Sortenschutz- anmeldungen für Altfälle her. Danach kann ein(e) Patent (-anmeldung) als Sortenschutz (-anmeldung) weitergeführt werden.

520   Der Entschädigungsanspruch entsteht erst rückwirkend ab Eintragung. Rückwirkende Unterlassungsansprüche sind aus logischen Gründen schon ausgeschlossen. Damit erübrigen sich Forderungen nach weitergehenden Ansprüchen.

Gesetzgeber zunächst das PatG nach dem Vorbild des § 37 Abs. 3 SortSchG anpassen und bestenfalls zugleich eine parallele Norm im MarkenG schaffen.

E.   Gebrauchsmuster

Das Gebrauchsmuster schützt wie das Patent Erfindungen. Der volle Schutz des Gebrauchsmusters entsteht nicht mit Erteilung, sondern mit Eintragung, § 11 Abs. 1 S. 1 GebrMG,[521] denn die materiellen Voraussetzungen werden im Gegensatz zum Patent vom DPMA nicht geprüft, § 8 Abs. 1 S. 2 GebrMG.

Der Gebrauchsmusterschutz ist somit schnell und günstig zu erreichen und wird daher häufig für den Schutz von Patentanmeldungen ergänzend genutzt. Dadurch hat der Patentanmelder nicht nur den patentrechtlichen Entschädigungsanspruch zur Verfügung, sondern umfangreiche Ausschließlichkeitsrechte aus dem eingetragenen Gebrauchsmuster.

Anders als im Patentrecht wird die Gebrauchsmusteranmeldung auch nicht veröffentlicht, § 8 Abs. 3 GebrMG. Daher besteht auch keine Gefahr, dass Dritte an der Anmeldung partizipieren können. Ein Entschädigungsanspruch ist im Gebrauchsmusterrecht daher unnötig.

Auch eine Rückwirkung der Eintragung auf den Anmeldezeitpunkt findet nicht statt, sodass auch keine bereicherungsrechtlichen Ansprüche vor Eintragung entstehen können.[522]

---

521 *Götting*, § 21, Rn. 15; *Ahrens*, § 18, Rn. 363.
522 Anders infolge der Rückwirkung des Gemeinschaftsgeschmacksmusters, s. oben S. 123 ff.

Teil 4: Ergebnis

Ein einheitliches System zum Schutz der Anmelder vor Eintragung kann nur schwer ausgemacht werden.

So gibt das EPÜ den Vertragsstaaten nur eine Schutz-Untergrenze vor. Die eigentlichen Sanktionen vor Patenterteilung hängen damit vom jeweiligen Vertragsstaat ab und sind entsprechend uneinheitlich. Das neue europäische Patent mit einheitlicher Wirkung ändert an diesem System nichts.

Der PCT-Anmelder steht zum Teil deutlich schlechter da. Hier fehlt eine Mindestgrenze zum Schutz der Anmelder, sodass in einigen Staaten kein Schutz vor Patenterteilung gewährt wird[523] und Benutzungshandlungen Dritter zwischen Veröffentlichung der Anmeldung und Patenterteilung sanktionslos bleiben. Im Übrigen müssen die Staaten den Schutz gewähren, den sie nach ihrem nationalen Recht bei gesetzlich vorgeschriebener inländischer Veröffentlichung einer ungeprüften nationalen Anmeldung gewähren.[524] Dieser Schutz kann sehr gering oder aber auf Niveau des Vollschutzes sein.[525] Meist werden Entschädigungs- oder Schadensersatzansprüche gewährt.

Im Markenrecht ist die Situation teilweise besser. Internationale Schutzerstreckungen erhalten nach Art. 4 Abs. 1 MMA einen (ggf. rückwirkend entfallenden) nationalen Vollschutz,[526] bei Erstreckung auf das gesamte Gebiet der EU (Euro-PCT-Anmeldung) zumindest einen Entschädigungsanspruch für den Zeitraum zwischen Veröffentlichung der Anmeldung und Eintragung, Artt. 151, 9 Abs. 3 S. 2 GMV.[527]

Das deutsche Markenrecht dagegen sieht im Unterschied zu anderen nationalen Markengesetzen trotz gesetzlich vorgeschriebener Veröffentlichung der Anmeldeunterlagen (§ 32 Abs. 5 MarkenG) keinen Schutz des Anmelders vor.[528]

---

523 Siehe oben S. 33 ff.
524 Art. 29 PCT.
525 Siehe Tabelle 2 im Anhang.
526 Siehe oben S. 80 ff.
527 Siehe oben S. 82 f.
528 Siehe oben S. 84 ff.

Einen solchen Schutz hat man 1998 bei Einfügung der Vorabveröffentlichung in § 33 Abs. 3 MarkenG schlicht vergessen. Dadurch wird der deutsche Markenanmelder gegenüber einem Patent- und Sortenschutzanmelder in verfassungswidriger Weise ungleich behandelt.[529] Dem ist durch eine analoge Anwendung des § 33 PatG abzuhelfen.[530] Diese Lösung ist dogmatisch sauberer als die Begründungsversuche über eine Anwartschaft oder gar ein Anwartschaftsrecht.

Wie im Patentrecht ist auch der markenrechtliche Entschädigungsanspruch nach den Grundsätzen der Lizenzanalogie zu berechnen, wobei Schädigungen des Markenimages zusätzlich bis maximal zur Höhe eines Schadensersatzes auszugleichen sind.[531] Weitergehende Schadensersatzansprüche wären systemfremd und können sich allenfalls aus § 826 und § 823 Abs. 1 BGB ergeben.

Der markenrechtliche Entschädigungsanspruch entsteht trotz ordnungsgemäßer Anmeldung nicht, wenn das angemeldete Zeichen offensichtlich schutzunfähig ist, § 33 Abs. 2 PatG analog.[532] Der Anspruch entfällt Rückwirkend, wenn die eingetragene Marke später gelöscht wird.[533]

Die dreijährige Verjährung des Entschädigungsanspruchs endet analog § 33 PatG frühestens ein Jahr nach Eintragung der Marke.[534] Danach kann der Markenanmelder wie im Patent- und Sortenschutzrecht einen Restentschädigungsanspruch nach §§ 852, 818 BGB geltend machen, der auf die Höhe einer angemessenen Entschädigung zu begrenzen ist.

Wenn vor Markeneintragung Klage erhoben wird, kann und muss das Gericht das Verfahren analog § 140 PatG aussetzen.[535]

Einen erheblichen Gewinn an Rechtssicherheit bietet das Schutzsystem des SortSchG. Nach § 37 SortSchG wird erst der spätere Inhaber des Vollrechts zur Geltendmachung von Entschädigungsansprüchen aktivlegitimiert. Auf diese Weise lassen sich die Probleme mit dem Verjährungseintritt und der Aussetzung des Verfahrens elegant vermeiden. Auch das Drohpotential aus veröffentlichten Anmeldungen wird deutlich reduziert.[536]

Eine solche Regelung wäre im Ergebnis auch für die Marken- und Patentanmelder de lege ferenda wünschenswert.

---

529 Siehe oben S. 93 f.
530 Siehe oben S. 110 ff.
531 Siehe oben S. 68 ff. und 113 f.
532 Siehe oben S. 115 f.
533 Etwa geleistete Entschädigungen müssen dann zurückgezahlt werden, § 812 Abs. 1 BGB, s. oben S. 119.
534 Siehe oben S. 116 f.
535 Siehe oben S. 119 f.
536 Siehe oben S. 98 f. und 118.

Anhang

Tabelle 1: Sanktionen vor Patenterteilung der EPÜ-Vertragsstaaten

Staat	Entschä-digung	Schadens-ersatz	sonst. Sanktionen	Übersetzung	
				zugänglich	übermittelt*
1. Albanien	●	–	–	●	●
2. Belgien	●	–	–	–	●
3. Bosnien-Her-zegowina**	●	–	–	–	●
4. Bulgarien	●	–	–	Veröff. des Hinweis	–
5. Dänemark	●	–	–		
6. Deutschland	●	–	–	●	●
7. Estland	–	●	strafrechtl. Haftung	●	●
8. Finnland	●	●		● und ver-öffentl. Hin-weis auf Übersetzung	–
9. Frankreich	–	●	Beschlagnahme	●	●
10. Griechenland	–	●	Beschlagnahme	●	–
11. Irland	–	●	–	●	●
12. Island	●	–	–	●	–
13. Italien	–	●	Feststellung, Beschlagnahme	●	●
14. Kroatien	–	●	–	–	●
15. Lettland	●	–	–	●	●
16. Liechtenstein	–	●	–	–	–
17. Litauen	●	–	–	●	–
18. Luxemburg	●	–	–	●	●
19. Malta	–	●	–	–	–
20. Mazedonien	–	●	–	–	●

(Fortsetzung)

Staat	Entschä-digung	Schadens-ersatz	sonst. Sanktionen	Übersetzung	
				zugänglich	übermittelt*
21. Monaco	–	●	Geldstrafe, Beschlagnahme	–	●
22. Montenegro**	●	● (bei Vorsatz)	Beschlagnahme Zerstörung	–	●
23. Niederlande	●	–	–	–	● nach 30 Tagen
24. Norwegen	●	–	–	●	–
25. Österreich	●	–	–	●	●
26. Polen	●	● (bei Vorsatz)	Unterlassung, Gewinn-herausgabe	● und veröffentl. Hinweis auf Übersetzung	
27. Portugal	●	–	–	●	●
28. Rumänien	–	●	–	●	–
29. San Marino	–	●	Unterlassung, Gewinn-herausgabe	–	●
30. Schweden	●	–	–	● und veröffentl. Hinweis auf Übersetzung	–
31. Schweiz	–	●	–	–	–
32. Serbien	–	●	–	–	●
33. Slowakei	●	–	–	●	–
34. Slowenien	●	–	–	–	●
35. Spanien	●	–	–	●	–
36. Tschechien	●	–	–	● und veröffentl. Hinweis auf Übersetzung	–
37. Türkei	–	●	Beschlagnahme	●	●
38. Ungarn	–	●	Auskunft, Unterlassung, Gewinn-herausgabe Beschlag-nahme, Zerstörung	●	–
39. Vereinigtes Königreich	–	●	–	●	–
40. Zypern	●	–	Feststellung der Nichtigkeit	●	●

* Die Übersetzung muss dem Benutzer übermittelt worden sein. ** Erstreckungsstaaten
● Anspruch vorhanden

Tabelle 2: Sanktionen vor Patenterteilung der PCT-Vertragsstaaten

Staat	Entschädigung	Schadensersatz	Übersetzung
1. Ägypten	–	–	–
2. Albanien	●	●	●
3. Algerien	–	–	–
4. Angola	–	–	–
5. Armenien	–	–	–
6. Aserbaidschan	–	–	–
7. Australien	●	●	●
8. Bahrain	–	–	–
9. Barbados	–	–	–
10. Belgien	nur Europäisches Patent*		
11. Belize	–	–	–
12. Bosnien-Herzegowina	–	–	–
13. Botswana	–	–	–
14. Brasilien	–	–	–
15. Bulgarien	●	–	●
16. China	●	–	●
17. Costa Rica	●	●	●
18. Dänemark	●	●	●
19. Deutschland	●	–	●
20. Dominikanische Republik	–	–	–
21. Ecuador	–	–	–
22. El Salvador	–	–	–
23. EPO (EPA)	nur Europäisches Patent*		
24. Estland	●	–	●
25. Finnland	●	–	●
26. Frankreich	nur Europäisches Patent*		
27. Gambia	–	–	–
28. Georgien	–	–	–
29. Ghana	●	●	●
30. Griechenland	nur Europäisches Patent*		
31. Guatemala	–	–	–
32. Honduras	–	–	–
33. Indien	–	–	–
34. Indonesien	–	–	–
35. Irland	nur Europäisches Patent*		
36. Island	●	–	●
37. Israel	–	–	–
38. Italian	nur Europäisches Patent*		
39. Japan	●	–	●
40. Kanada	●	–	●
41. Kasachstan	–	–	–

(Fortsetzung)

Staat	Entschädigung	Schadensersatz	Übersetzung
42. Katar	–	–	–
43. Kenia	●	●	●
44. Kirgisistan	–	–	–
45. Kolumbien	–	–	–
46. Kroatien	●	–	●
47. Kuba	–	–	–
48. Lesotho	–	–	–
49. Lettland	nur Europäisches Patent*		
50. Liberia	–	–	–
51. Libyen	–	–	–
52. Liechtenstein	●	●	●
53. Litauen	●	–	●
54. Luxemburg	●	–	●
55. Madagaskar	–	–	–
56. Makedonien	●	●	●
57. Malawi	–	–	–
58. Malaysia	●	–	●
59. Malta	nur Europäisches Patent*		
60. Marokko	–	–	–
61. Mexiko	●	●	●
62. Moldawien	●	●	●
63. Monaco	nur Europäisches Patent*		
64. Mongolei	–	–	–
65. Montenegro	–	–	–
66. Namibia	–	–	–
67. Neuseeland	–	–	–
68. Nicaragua	–	–	–
69. Niederlande	nur Europäisches Patent*		
70. Nigeria	–	–	–
71. Nordkorea	–	–	–
72. Norwegen	●	–	●
73. OAPI (OAPI Patente)	–	–	–
74. Oman	–	–	–
75. Österreich	●	–	●
76. Papua-Neuguinea	–	–	–
77. Peru	–	–	–
78. Philippinen	●	●	●
79. Polen	●	●	●
80. Portugal	●	–	●
81. Ruanda	–	–	–
82. Rumänien	●	–	●

(Fortsetzung)

Staat	Entschädigung	Schadensersatz	Übersetzung
83. Russland	●	(●**)	●
84. Sambia	●	●	●
85. São Tomé und Príncipe	–	–	–
86. Schweden	●	–	●
87. Schweiz	●	●	●
88. Serbien	●	●	●
89. Seychellen	–	–	–
90. Sierra Leone	–	–	–
91. Simbabwe	–	–	–
92. Singapur	●	●	●
93. Slowakei	●	–	●
94. Slowenien	nur Europäisches Patent*		
95. Spanien	●	–	●
96. Sri Lanka	–	–	–
97. St. Lucia	–	–	–
98. St. Vincent und die Grenadinen	–	–	–
99. Südafrika	–	–	–
100. Sudan	–	–	–
101. Südkorea	●	–	●
102. Syrien	–	–	–
103. Tadschikistan	●	–	●
104. Thailand	–	–	–
105. Trinidad und Tobago	–	–	–
106. Tschechien	●	–	●
107. Tunesien	–	–	–
108. Türkei	●	●	●
109. Turkmenistan	–	–	–
110. Uganda	●	●	●
111. Ukraine	●	–	●
112. Ungarn	●	●	●
113. USA	●	–	●
114. Usbekistan	–	–	–
115. Vereinigte Arabische Emirate	–	–	–
116. Vereinigtes Königreich	●	●	●
117. Vietnam	–	–	–
118. Weißrussland	●	●	●
119. Zypern	nur Europäisches Patent*		

*   Schutzart via PCT nur durch Europäisches Patent möglich
** Art und Höhe nach Parteiabsprache oder durch das Gericht.
●   Anspruch vorhanden

Literaturverzeichnis

Adolphsen, Jens: Renationalisierung von Patentstreitigkeiten in Europa., IPRax 2007, 15 – 21

Ahrens, Claus: Gewerblicher Rechtsschutz, Tübingen 2008

Althaus, Dietmar: Markenrechtliche Abgrenzungsvereinbarungen, Diss. Frankfurt a.M. 2010

Anduleit, Manfred: Die Rechtsdurchsetzung im Markenrecht : national, regional, international, Baden-Baden 2001

Baur, Jürgen; *Stürner*, Rolf: Sachenrecht, 18. Aufl. München 2009

Beier, Friedrich-Karl: Zukunftsprobleme des Patentrechts, GRUR 1972, 214 – 225

Beier, Friedrich-Karl; *Kur*, Annette: Deutschland und das Madrider Markenabkommen, GRUR Int 1991, 677 – 687

Benkard, Georg: Europäisches Patentübereinkommen, 2. Aufl. München 2012 (zit. *Benkard* EPÜ)

ders., Patentgesetz Kommentar, 10. Aufl. München 2006

Benthem, J.B. van: Das europäische Patentsystem und die europäische Integration, Mitt. dt. Patentanwälte 1993, 151 – 156

Beyerbach, Hannes: Die geheime Unternehmensinformation, Tübingen 2012

Bork, Reinhard: Allgemeiner Teil des Bürgerlichen Gesetzbuchs, 3. Aufl. Tübingen 2011

Bornkamm, Joachim; *Köhler*, Helmut: Gesetz gegen den unlauteren Wettbewerb, 31. Aufl. München 2013

Bösling, Thies: »Alternative Klagehäufung« im Widerspruchsverfahren? – Die Bestimmung des älteren Kennzeichenrechts bei international registrierten Marken mit Schutz für Deutschland und die Gemeinschaft, GRUR 2012, 570 – 575

Bosten, Bert J.; *Prinz*, Wolfgang: Titelschutz durch vom Anwalt geschaltete Sammel-Titelschutzanzeige, AfP 1989, 664 – 668

dies., Wettbewerbsrechtlicher Titelschutz durch Titelschutzanzeige, AfP 1991, 361 – 365

Brämer, Antje: Die Sicherungsabtretung von Markenrechten, Tübingen 2005

Brinkhof, J.J.: Geht das grenzüberschreitende Verletzungsverbot im niederländischen einstweiligen Verfügungsverfahren zu weit?, GRUR Int 1997, 489 – 497

Buchner, Benedikt: Rom II und das Internationale Immaterialgüter- und Wettbewerbsrecht, GRUR Int 2005, 1004 – 1012

Bulling, Alexander; *Langöhrig*, Angelika; *Hellwig*, Tillmann: Geschmacksmuster, 3. Aufl. Köln 2011

Bumiller, Ursula: Durchsetzung der Gemeinschaftsmarke in der Europäischen Union, München 1997

dies., Europäische Gerichtsbarkeit und europäische Verfahrensordnung für alle gemeinschaftlichen gewerblichen Schutzrechte?, ZIP 2002, 115 – 122

Büscher, Wolfgang; *Dittmer,* Stefan; *Schiwy,* Peter: Gewerblicher Rechtsschutz, Urheberrecht, Medienrecht, 2. Aufl. Köln 2011

Busse, Rudolf; *Keukenschrijver,* Alfred: Patentgesetz Kommentar, 7. Aufl. Berlin 2013

Busse, Rudolf; *Stark,* Joachim: Warenzeichengesetz Kommentar, 6. Aufl. Berlin 1989

Dasser, Felix; *Oberhammer,* Paul: LugÜ, 2. Aufl. Bern 2011

Dreier, Horst: Grundgesetz Kommentar, Art. 1 – 19, 2. Aufl. Tübingen 2004

Ebert, Bertram: Der deliktische »Rest-Schadensersatzanspruch« nach der Schuldrechtsreform, NJW 2003, 3035 – 3037

Ehlers, Jochen: Die Offenbarung in angemeldeten Patentansprüchen, Festschrift für Tilmann Schilling, Köln 2007, 87 – 97

Eichmann, Helmut; *von Falckenstein,* Roland: Geschmacksmustergesetz Kommentar, 4. Aufl. München 2010

Eisenführ, Günther; *Schennen,* Detlef: Gemeinschaftsmarkenverordnung, 3. Aufl. Köln 2010

Ekey, Friedrich L.; *Klippel,* Diethelm; *Bender,* Achim: Markengesetz und Markenrecht ausgewählter ausländischer Staaten, 2. Aufl. Heidelberg 2009

Fähndrich Martin; *Ibbeken,* Arne: Gerichtszuständigkeit und anwendbares Recht im Falle grenzüberschreitender Verletzungen (Verletzungshandlungen) der Rechte des geistigen Eigentums, GRUR Int 2003, 616 – 626

Fezer, Karl-Heinz: Markenrecht, 4. Aufl. München 2009

Fitzner, Uwe; *Bodewig,* Theo; *Lutz,* Raimund: Patentrechtskommentar, 4. Aufl. München 2012

Geimer, Reinhold; *Schütze,* Rolf A.: Europäisches Zivilverfahrensrecht Kommentar, 3. Aufl. München 2010

Görden, Jan: Vorgezogener Werktitelschutz, Tübingen 2009

Götting, Horst-Peter: Gewerblicher Rechtsschutz, 9. Aufl. München 2010

Grabitz, Eberhard; *Hilf,* Meinhard; *Nettesheim,* Martin: Das Recht der Europäischen Union, 50. Aufl. München 2013

Haas, Ulrich; *Beiner,* Thorsten: Das Anwartschaftsrecht im Vorfeld des Eigentumserwerbs, JA 1998, 115 – 122

Hacker, Franz: Markenrecht, 3. Aufl. Köln 2013

Halbsguth, Daniel: Territorialität im Verletzungsverfahren aus der Europäischen Gemeinschaftsmarke, Diss. Hamburg 2010

Handig, Christian: Neues im Internationalen Wettbewerbsrecht – Auswirkungen der Rom II Verordnung, GRUR Int 2008, 24 – 31

Hartmann, Uwe: Die bekannte, die notorisch bekannte und die berühmte Marke im Vergleich der Rechtsordnungen Deutschlands, Großbritanniens, Südafrikas und der USA, Diss. Regensburg 2002

Heermann, Peter W.: Kennzeichenschutz von sportlichen Großveranstaltungen im deutschen und europäischen Recht, ZEuP 2007, 535 – 585

Heim, Sebastian: Das Rechtsinstitut der Titelschutzanzeige, AfP 2004, 19 – 25

Herrmann, Marcus M.: Entwicklungen und Tendenzen zum Titelschutzrecht – Starre 6-Monats-Frist oder nicht?, K&R 2006, 168–170

Hofmann, Franz: Immaterialgüterrechtliche Anwartschaftsrechte, Tübingen 2009

ders., Steht dem Markenanmelder vor Eintragung ein Entschädigungsanspruch zu?, GRUR Int 2010, 376–380

Holzapfel, Henrik: Keine Entschädigung für mittelbare Erfindungsbenutzungen?, GRUR 2006, 881–886

Hopf, Christian: Internationale Zuständigkeit und Kognitionsbefugnis bei der Verletzung von Gemeinschaftsmarken und -geschmacksmustern, MarkenR 2012, 229–240

Hye-Knudsen, Rebekka: Marken-, Patent- und Urheberrechtsverletzungen im europäischen Internationalen Zivilprozessrecht, Tübingen 2005

Ingerl, Reinhard: Der wettbewerbsrechtliche Kennzeichenschutz und sein Verhältnis zum MarkenG in der neueren Rechtsprechung des BGH und in der UWG-Reform, WRP 2004, 809–816

Ingerl, Reinhard; *Rohnke,* Christian: Markengesetz Kommentar, 3. Aufl. München 2010

Jänich, Volker: Geistiges Eigentum – eine Komplementärerscheinung zum Sacheigentum?, Tübingen 2002

Junker, Abbo: Die Rom II – Verordnung: Neues Internationales Deliktsrecht auf europäischer Grundlage, NJW 2007, 3675–3682.

Kindl, Johann: Eigentumsvorbehalt und Anwartschaftsrecht, ZJS 2008, 477–487

Knaak, Roland: Internationale Zuständigkeiten und Möglichkeiten des forum shopping in Gemeinschaftsmarkensachen – Auswirkungen der EuGH-Urteile Roche Niederlande und GAT/LUK auf das Gemeinschaftsmarkenrecht, GRUR Int 2007, 386–394

ders., Die Rechtsdurchsetzung der Gemeinschaftsmarke und der älteren nationalen Rechte, GRUR Int 1997, 864–873

Kraßer, Rudolf: Patentrecht, 6. Aufl. München 2009

ders., Erfindungsschutz zwischen Patentanmeldung und Patenterteilung, GRUR Int 1990, 732–742

Krieger, Albrecht: Das Gemeinschaftspatent – ein essential des europäischen Binnenmarktes, Festschrift für Ulrich Everling, Baden-Baden 1995, S. 701–717

Krieger, Albrecht; *Mühlendahl,* Alexander von: Die Madrider Diplomatische Konferenz zum Abschluß eines Protokolls zum Madrider Abkommen über die internationale Registrierung von Marken – Bericht der deutschen Delegation, GRUR Int 1989, 734–738

Krieger, Ulrich: Der Entschädigungsanspruch des § 33 I PatG, GRUR 2001, 965–967

Kroitzsch, Hermann: Schadensersatzanspruch beim Wegfall einstweiliger Verfügungen wegen Patentverletzung?, GRUR 1976, 509–512

Kropholler, Jan; *von Hein,* Jan: Europäisches Zivilprozessrecht, 9. Aufl. Frankfurt a.M. 2011

Krüger, Wolfgang: Das Anwartschaftsrecht – ein Faszinosum, JuS 1994, 905–909

Kühnen, Thomas: Kann der Entschädigungsanspruch gemäß §§ 33 PatG 1981, 24 Abs. 5 PatG 1968 im besonderen Gerichtsstand der unerlaubten Handlung geltend gemacht werden?, GRUR 1997, 19–22

Kur, Annette: Die Auswirkungen des neuen Geschmacksmusterrechts auf die Praxis, GRUR 2002, 661–670

Kurtz, Constantin: Grenzüberschreitender einstweiliger Rechtsschutz im Immaterialgüterrecht, Göttingen 2004

Lange, Paul: Marken- und Kennzeichenrecht, 2. Aufl. München 2012

Lehmler, Lutz: Kommentar zum Wettbewerbsrecht – UWG, 1. Auflage Köln 2006

Leßmann, Herbert; *Würtenberger,* Gert: Deutsches und europäisches Sortenschutzrecht, 2. Aufl. Baden-Baden 2009

Löscher, Otto: Der künftige Ablauf des Patenterteilungsverfahrens und die sonstigen Neuerungen im Patentrecht, BB 1967, Beilage 7 zu Heft 26, S. 1–15

Lux, Jochen: Das Anwartschaftsrecht bei bedingter Übereignung – bloßes Sprachkürzel oder eigenständiges absolutes Recht?, Jura 2004, 145–153

Mangoldt, Hermann von; *Klein,* Friedrich; *Starck,* Christian: Grundgesetz Kommentar, Bd. 1, Art. 1–19, 5. Aufl. München 2005

Marx, Claudius: Deutsches, europäisches und internationales Markenrecht, 2. Aufl. Neuwied 2007

Maunz, Theodor; *Dürig,* Günter: Grundgesetz Kommentar, Bd. II Art. 6–15, München 2013

Medicus, Dieter: Allgemeiner Teil des Bürgerlichen Gesetzbuchs, 10. Aufl. Heidelberg 2010

Meier-Beck, Peter: Ersatzansprüche gegenüber dem mittelbaren Patentverletzer, GRUR 1993, 1–8

Mes, Peter: Patentgesetz Kommentar, 3. Aufl. München 2011

Mittas, Tatjana: Der Schutz des Werktitels nach UWG, WZG und MarkenG, Berlin 1995

Mühlendahl, Alexander von; *Ohlgart,* Dietrich Conrad: Die Gemeinschaftsmarke, München 1998

Münchener Kommentar zum Bürgerlichen Gesetzbuch, Bd. 11 (IPR), 5. Aufl. München 2010

Musielak, Hans-Joachim; *Hau,* Wolfgang: Grundkurs BGB, 13. Aufl. München 2013

Nieder, Michael: Restschadenersatz-, Restentschädigungs- und Bereicherungsansprüche im Patentrecht, Mitt. dt. Patentanwälte 2009, 540–544

Nirk, Rudolf; *Ullmann,* Eike: Patent-, Gebrauchsmuster- und Sortenschutzrecht, 3. Aufl. Heidelberg 2007

Nordemann, Wilhelm: Wettbewerbsrecht, Markenrecht, 11. Aufl. Baden-Baden 2012

Oelschlägel, Kay G.H.: Der Titelschutz von Büchern, Bühnenwerken, Zeitungen und Zeitschriften, Baden-Baden 1997

Ohl, Albert: Zur Rechtsnatur des einstweiligen Patentschutzes nach § 24 Abs. 5 PatG, GRUR 1976, 557–565

Osterrieth, Christian: Patentgesetz Kommentar, 4. Auf München 2010

Pagenberg, Jochen: Die Zukunft nationaler Patentgerichte im System einer künftigen europäischen Gerichtsbarkeit, GRUR 2009, 314–318

Pahlow, Louis: Erfindungsschutz vor Patenterteilung, GRUR 2008, 97–103

Pierson, Matthias; *Ahrens,* Thomas; *Fischer,* Karsten: Recht des geistigen Eigentums: Patente, Marken, Urheberrecht, Design, 2. Aufl. München 2010

Pietzcker, Rolf: Die Gefahr analoger Ausdehnung der Haftung nach § 945 ZPO, GRUR 1980, 442–444

Pitz, Johann: Torpedos unter Beschuss, GRUR Int 2001, 32–37

Rademacher, Christoph: Die gerichtliche Durchsetzung von Patent- und Markenrechten in Deutschland, Japan und den USA, Baden-Baden 2010

Rauscher, Thomas: Europäisches Zivilprozess- und Kollisionsrecht EuZPR/EuIPR, Brüssel I - VO, LugÜbk 2007, München 2011

Reichardt, Sascha: Die Auswirkung des Nichtigkeitseinwands auf die internationale Zuständigkeit in Patentstreitigkeiten, GRUR Int 2008, 574 – 579

Rohnke, Christian: Gemeinschaftsmarken oder nationale Marken – Strategische Überlegungen zur Rechtsdurchsetzung, GRUR Int 2002, 979 – 989

Röttges, Andrea: Der Entstehungstatbestand des Titelrechts, Diss. Köln 2009

Ruhl, Oliver: Gemeinschaftsgeschmacksmuster, 2. Aufl. Köln 2010

Russ, Christian: Der Schutz des Titels einer Druckschrift, Diss. Mainz 1995

ders., Titelschutz und Titelanzeige, Börsenblatt für den Deutschen Buchhandel 1991, 2502 – 2505

Sack, Peter: Der Schutz des Werktitels nach dem Markengesetz und anderen Gesetzen, Diss. Konstanz 2000

Sack, Rolf: Markenschutz und UWG, WRP 2004, 1405 – 1425

Säger, Manfred: Ethische Aspekte des Patentwesens, GRUR 1991, 267 – 273

Schabenberger, Andreas: Sind Werktitel isoliert übertragbar?, Festschrift für Horst Helm, München 2002, S. 219 – 236

Schack, Haimo: Internationale Urheber-, Marken- und Wettbewerbsrechtsverletzungen im Internet, MMR 2000, 135 – 140

ders., Internationales Zivilverfahrensrecht, 6. Aufl. München 2014

ders., Die grenzüberschreitende Durchsetzung gemeinschaftsweiter Schutzrechte, Festschrift für Rolf Stürner, Tübingen 2013, II S. 1337 – 1355

ders., Das auf (formlose) Immaterialgüterrechte anwendbare Recht nach Rom II, Festschrift für Jan Kropholler, Tübingen 2008, S. 651 – 669

Schafft, Thomas: Rechtsschutz aus Gemeinschaftsmarken zwischen Anmeldung und Eintragung, WRP 2005, 986 – 991

Schaper, Eike: Durchsetzung der Gemeinschaftsmarke, Köln 2006

Schaub, Renate: Sponsoring und andere Verträge zur Förderung überindividueller Zwecke, Tübingen 2008

Schlei, Christian: Das Protokoll betreffend das Madrider Abkommen über die internationale Registrierung von Marken, Bern 1993

Schlosser, Peter: Europäisches Zivilprozessrecht, 3. Aufl. München 2009

Schramm, Carl; *Henner*, Gerhard: Der Patentprozeß nach dem Vorabgesetz, GRUR 1968, 667 – 676

Schreiber, Klaus: Anwartschaftsrechte, Jura 2001, 623 – 628

Schricker, Gerhard; *Bastian*, Marina; *Knaak*, Roland: Gemeinschaftsmarke und Recht der EU-Mitgliedstaaten, München 2006

Schröer, Benjamin: Einheitspatentgericht – Überlegungen zum Forum-Shopping im Rahmen der alternativen Zuständigkeit nach Art. 83 Abs. 1 EPGÜ, GRUR Int 2013, 1102 – 1110

Schulte, Rainer: Patentgesetz, 9. Aufl. Köln 2014

Schulte-Beckhausen, Thomas: Die gerichtliche Durchsetzung von Ansprüchen wegen Verletzung der Gemeinschaftsmarke, WRP 1999, 300 – 306

Schulz, Andreas: Einstweiliger Rechtsschutz gegen Markenanmeldungen, WRP 2000, 258 – 264

Schultz, Detlef von: Markenrecht Kommentar, 3. Aufl. Frankfurt a.M. 2012

Schuschke, Winfried; *Walker,* Wolf-Dietrich: Vollstreckung und Vorläufiger Rechtsschutz, 5. Aufl. Köln 2005

Schwerdtner, Peter: Anwartschaftsrechte, Jura 1980, 609 – 614

Singer, Romuald; *Singer,* Margarete; *Stauder,* Dieter: Europäisches Patentübereinkommen, 6. Aufl. Köln 2013

Singer, Stefan: Voraussetzungen einer Entschädigung nach § 33 PatG, Festschrift für Tilmann Schilling, Köln 2007, 355 – 366

Sosnitza, Olaf; *Leible,* Stefan: Grundfälle zum Recht des Eigentumsvorbehalts, JuS 2001, 341 – 347

Stauder, Dieter: Grenzüberschreitende Verletzungsverbote im gewerblichen Rechtsschutz und das EuGVÜ, IPRax 1998, 317 – 322

Stein, Friedrich; *Jonas,* Martin: ZPO, Bd. 10 (Europäisches Zivilprozessrecht), 22. Aufl. Tübingen 2011

Steinke, Tina; Die Verwirkung im Immaterialgüterrecht, Göttingen 2005

Ströbele, Paul: Absolute Eintragungshindernisse im Markenrecht – Gegenwärtige Probleme und künftige Entwicklungen, GRUR 2001, 658 – 667

Ströbele, Paul; *Hacker,* Franz: Markengesetz Kommentar, 10. Aufl. Köln 2012

Teplitzky, Otto: Aktuelle Fragen beim Titelschutz, AfP 1997, 450 – 455

Tetzner, Heinrich: Gedanken zum Regierungsentwurf eines Gesetzes zur Änderung des Patentgesetzes, GRUR 1967, 121 – 123

ders., Kommentar zum Patentgesetz und zum Gebrauchsmustergesetz, 2. Aufl. Nürnberg 1951

Tilmann, Winfried: Das europäische Zivilrecht des gewerblichen Rechtsschutzes, ZEuP 2004, 672 – 676

ders., Durchbruch: die Entscheidungen zum Einheitspatent und zum Europäischen Patentgericht, GRUR 2013, 157 – 159

Tilmann, Winfried; *von Falck,* Andreas: EU-Patentrechtsharmonisierung II: Forum-Shopping und Torpedo, GRUR 2000, 579 – 586

Traub, Fritz: Die Höhe der Entschädigungslizenz bei der Benutzung offengelegter Patentanmeldungen, Festschrift 25 Jahre Bundespatentgericht, Köln 1986, S. 267 – 280

Wagner, Gerhard: Die neue Rom-II-Verordnung, IPRax 2008, 1 – 16

Westermann, Harm Peter; *Gursky,* Karl-Heinz; *Eickmann,* Dieter: Sachenrecht, 8. Aufl. Heidelberg 2011

Zöller, Richard: ZPO und GVG, 30. Aufl. Köln 2013

»Schriften zum deutschen und internationalen Persönlichkeits- und Immaterialgüterrecht« – zuletzt erschienen:

Band 37
Thönebe, C.: **Kunstwerke in der Ausstellungs- und Verkaufswerbung und in Museumskatalogen**
2014. 459 Seiten, gebunden
ISBN 978-3-8471-0225-0

Band 36
Stier, D. S.: **Die Unterbrechung urheberrechtlicher Lizenzketten**
2014. 219 Seiten, gebunden
ISBN 978-3-8471-0195-6

Band 35
Vitols, L.: **Der Zwangslizenzeinwand gegen Unterlassungsansprüche des Immaterialgüterrechts**
2013. 145 Seiten, gebunden
ISBN 978-3-8471-0103-1

Band 34
Hanßen, H.: **Schutz der Wettbewerber vor unzutreffenden Äußerungen über den Stand der Technik in Patent- und Gebrauchsmusterschriften**
2012. 160 Seiten, gebunden
ISBN 978-3-8471-0033-1

Band 33
Gaden, J.: **Die Wiederholungsmarke**
2012. 124 Seiten, gebunden
ISBN 978-3-8471-0012-6

Band 32
Langer, E.: **Der Schutz nachgelassener Werke**
2012. 171 Seiten, gebunden
ISBN 978-3-89971-935-2

Band 31
Banck, M.: **Der Kontrahierungszwang der Verwertungsgesellschaften gemäß § 11 WahrnG und seine Ausnahmen**
2012. 201 Seiten, gebunden
ISBN 978-3-89971-928-4

Band 30
Wille, S.: **Urheberrechtliche Verträge über unbekannte Nutzungsarten und ihre AGB-Kontrolle**
2011. 336 Seiten, gebunden
ISBN 978-3-89971-890-4

V&R unipress

Leseproben und weitere Informationen unter: www.vr-unipress.de

Robert-Bosch-Breite 6 | 37079 Göttingen | Tel. (0551) 5084-459 | Fax (0551) 5084-333 | E-Mail: info@vr-unipress.de